DESCRIPTION

DE

LA VILLA ET DU TOMBEAU

D'UNE FEMME ARTISTE GALLO-ROMAINE

DÉCOUVERTS A SAINT-MÉDARD-DES-PRÉS

(VENDÉE)

PAR

BENJAMIN FILLON,

Correspondant du Comité des Arts & Monuments

Pinxere et mulieres....
PLINE.

FONTENAY.

ROBUCHON, IMPRIMEUR-LIBRAIRE.

NAIRIÈRE-FONTAINE, LIBRAIRE.

1849

Une découverte destinée à piquer au plus haut point la curiosité des archéologues et des artistes, et à jeter une vive lumière sur les procédés employés par les anciens dans leurs peintures, a été faite, il y a quelque temps, à Saint-Médard-des-Prés, à un kilomètre de Fontenay. Possesseur de la plupart des objets mis au jour, j'ai tâché de rendre le mémoire que j'adresse à mes collègues aussi complet que possible, en demandant conseil aux hommes les plus compétents en pareille matière. Deux surtout, MM. Chevreul et Letronne, ont droit à toute ma reconnaissance. Je prie le premier d'en recevoir ici le témoignage : la mort du savant archiviste de France me permet seulement de joindre mes regrets à ceux que sa perte prématurée a excités parmi ses admirateurs et ses nombreux amis.

§ Ier.

Avant de décrire l'enfouissement, il me faut d'abord réfuter les objections de certains contradicteurs, et présenter quelques considérations préliminaires.

Saint-Médard est actuellement une vieille église en ruine, devenue une habitation particulière, et entourée de deux ou trois maisons [1]. C'était autrefois un petit prieuré concédé par Guillaume-le-Grand [2], duc d'Aquitaine, à l'abbaye de Maillezais, et qualifié *monastère* au XIIe siècle [3]. Construit au bas d'un coteau, sur la rive gauche de la Vendée, ses fondements sont établis sur un lit de cailloux déposés à une époque dont on ne peut apprécier la date.

Le sol qui forme le Bocage vendéen fut en effet un des premiers continents qui apparurent à la surface du globe. Dans ces temps reculés, nos plaines faisaient partie d'une vaste mer qui couvrait plus de la moitié de la France actuelle; mais peu à peu les eaux y déposèrent le sédiment calcaire qu'elles contenaient, et d'immenses alluvions furent formées; puis, à la suite de soulèvements produits par des révolutions géologiques qu'il n'entre pas dans mon plan d'analyser, cette plaine fut soudée à l'ancien continent, et les côtes décrivirent une ligne ondulée partant des points où devaient un jour être bâtis Saint-Vincent-sur-Jart,

---

[1] Saint-Médard a donné son nom à une commune composée de Boisse, de Biossais, et de quelques maisons voisines. Le cimetière est encore près de l'ancienne église, qui paraît avoir été rebâtie au XVe siècle. Quelques parties sont antérieures.

[2] Besly, p. 307.

[3] *Monasterium Sancti Medardi de Pratis, prope Fontanetum.* (*Gallia Christiana*, T. II, p. 1382. — Charte de 1158 de l'abb. de l'Absie.)

Le *Grand Gaulthier* de l'évêché de Poitiers mentionne ainsi l'église de Saint-Médard (Archiprêtré d'Ardin):

Ecclesie sancti Medardi patronatum habet abbas Malleacensis et debet XX sol. de bissexto; jur. XX. lib. (Arch. de la ville de Poitiers.)

Longeville, Angle, Saint-Benoît, Curzon, Saint-Denys, Luçon, Nalliers, Le Langon, Le Poiré, Montreuil-sur-Mer, Doix, Courdault, Saint-Sigismond, Magné, et les autres bourgs élevés sur les limites de l'ancien golfe décrit par notre collègue l'abbé Lacurie [1].

Ces côtes étaient bordées de récifs calcaires qui plus tard, peut-être même après l'apparition de l'homme sur la terre, furent soulevés à leur tour et formèrent les îlots sur lesquels sont établis les villages du Marais actuel.

A cette époque la rivière de Vendée existait déjà dans le Bocage; mais, arrivées dans la Plaine, ses eaux s'étendaient, entre L'Orberie et Le Poiré, en plusieurs lacs se déversant les uns dans les autres, et dont le dernier rejetait son trop plein à la mer, séparée de lui par une simple barre de rochers. On peut en reconnaître au moins trois. Le premier, que je nommerai supérieur, partait de L'Orberie et allait jusqu'au banc calcaire, formant jadis un gué, sur lequel fut plus tard établi le pont des Sardines. Ce rempart naturel s'élevait entre lui et le lac intermédiaire, qui était le plus vaste, et couvrait de ses eaux la vallée de Fontenay à Saint-Gillet, y compris celle de la Longève. Le dernier enfin, long et étroit, se terminait à la barre du Poiré.

La mer ne pénétrait point dans le lac inférieur, ou, si elle y arrivait, ce n'était qu'au moment des fortes marées; car on ne retrouve pas de traces de ces bancs de terre argileuse, de ces galets arrondis par l'usure des vagues, de ces débris de coquilles qui sont les témoins irrécusables de sa présence.

Chaque jour cependant des personnes, confondant les temps géologiques et les temps historiques, répètent que la mer a baigné les pieds de telle ou telle muraille, de tel ou tel rocher, et citent à l'appui de

---

[1] *Notice sur le pays des Santons. — Bulletin monumental*, 1844.

leur opinion de prétendus anneaux qui servaient, selon eux, à amarrer les barques aux tours féodales, des restes apocryphes de navires déterrés du vivant de leurs aïeux. Vérification faite, l'antiquaire assez crédule pour se fier à ces rêves sortis de l'imagination d'avocats de village, est tout étonné de reconnaître des crampons destinés à soutenir les treilles de quelques modestes vergers plantés dans des douves comblées, ou des troncs d'arbres apportés des forêts à la suite d'un orage.

On ne peut pas non plus prétendre que l'Océan arrivait autrefois à certains lieux, parce que la marée y montait ; ce serait admettre qu'il s'étend aujourd'hui jusqu'à Marans et Luçon, où le phénomène du flux et reflux se fait sentir.

Quant aux couches de cailloux déposées au-dessous du sol de Saint-Médard, il est facile d'en expliquer l'origine. Les eaux pluviales descendant du Bocage et s'épenchant dans le lac dont je viens de parler, agirent lentement sur les roches siliceuses et les schistes qui constituent les terrains en amont du Roc-Saint-Luc. L'action continue et séculaire de cet agent décomposa une à une les couches de schistes et mit à nu les filons de quartz, qui, dégagés de leur étreinte, fendillés au refroidissement qu'ils éprouvèrent à leur apparition sur la surface du globe, tombèrent en fragments, roulèrent insensiblement au fond des vallées, usèrent par le frottement réciproque leurs parties anguleuses, et furent entraînés dans le vaste réservoir ouvert aux eaux de la Vendée. Arrivé là, le courant perdit de sa vitesse, et par conséquent de la force nécessaire au transport des matériaux qu'il charriait, et les déposa à l'entrée du lac. Gagnant ensuite de proche en proche, ces dépôts successifs le comblèrent en entier après des siècles de travail. C'est ainsi que se forma le sol de la grande prairie qui s'étend de Fontenay au Poiré. Ses éléments ne contiennent aucune trace de gisements marins, et sont en tout semblables aux matières que roule encore aujourd'hui la rivière à la suite des grandes crues.

Le lac une fois comblé, la Vendée fut réduite à se creuser un lit au sein des alluvions; elle usa le seuil qui la séparait de la mer et s'y déversa d'une manière plus facile.

De leur côté, les flots ne restèrent pas inactifs; ils rongèrent les rochers à base argileuse qui bordent divers points de la côte, et, apportant de jour en jour dans le golfe une quantité énorme de vase, ils exhaussèrent son fond, finirent par le combler, et ne laissèrent à la rivière que la largeur strictement nécessaire à l'écoulement de ses eaux. Actuellement encore cette action continue, et on peut en observer les effets à l'embouchure de la Sèvre.

Toute cette partie du rivage est d'ailleurs soumise à un soulèvement lent et progressif constaté par les géologues. Il paraît certain que la côte, depuis Cordouan, à l'embouchure de la Gironde, jusqu'au cap Lizard, en Angleterre, a un mouvement de bascule. Le sud se soulève, tandis que le nord s'affaisse.

Les grandes et violentes révolutions du globe ont cessé; cependant quelques convulsions l'agitent encore, et c'est à l'une d'elles que l'on doit les montagnes d'huîtres de Saint-Michel-en-l'Herm, qui contiennent déjà dans leur sein les ossements de trop hardis navigateurs, et les îlots calcaires mis peut-être à découvert dans cette fameuse nuit du xe siècle, où les vastes marais de Luçon, de Maillezais et de la Sèvre apparurent pour la première fois aux yeux étonnés des hommes.

Ces études géologiques [1] ont pour but de répondre aux objections de ceux qui prétendent que le sol de Saint-Médard était, à cette époque, caché sous les eaux. Peu versé dans les sciences naturelles,

[1] Elles ont été rédigées sur les notes de M. Ritter.

j'ai hâte de rentrer dans mon domaine et de parler de faits qu'attestent des documents écrits. Nous franchirons donc d'un seul bond les innombrables années qui séparent ces temps de l'ère chrétienne, et nous jetterons en passant un coup d'œil sur l'état des environs de Fontenay peu après la conquête des Romains.

§ II.

Les contrées qui composent maintenant l'ouest de la Vendée offraient alors l'imposant spectacle de forêts vierges coupées çà et là par des chemins presque impraticables, qui servaient de lignes de communication entre les habitants des rares bourgades disséminées sur le penchant des coteaux et sur les bords de l'Océan. Derniers débris de la nationalité gauloise, refoulés vers ces retraites sauvages par les légions romaines, ils avaient préféré à l'asservissement une vie précaire et une liberté farouche. Mais les rapports obligés de voisinage firent ce que la force n'avait pu exécuter : peu à peu les mœurs des vainqueurs pénétrèrent dans ce sanctuaire des vieilles traditions, créèrent des besoins nouveaux, et introduisirent enfin les armes, les vêtements et les ustensiles de la vie domestique des nations du Midi. Néanmoins ces divers objets prirent un caractère propre, et les copies eurent, en quelque sorte, une certaine originalité. Les vases de terre grossière recueillis sur divers points du Bas-Poitou montrent la vérité de cette remarque, et les formes qu'ils affectent, bien qu'ayant plus d'un rapport avec celles des poteries romaines, frappent l'œil le moins exercé. Nos pères les avaient appropriées au climat et à leurs idées ; aussi les fragments que nous trouvons dénotent-ils l'enfance de l'art et les essais impuissants du barbare [1]. Leur

____

[1] Il ne faut pas confondre les vases dont il est ici question avec les pots informes de terre à demi cuite déterrés dans le *tumulus* de Fontaines (comm. du Bernard-Vendée) et celui de Bougon. Ces derniers remontent à une époque plus reculée.

dessin a surtout une singulière sécheresse, qui paraît être le type distinctif des civilisations premières. Ces lignes anguleuses, ces stries accumulées les unes à côté des autres, ces petits cercles répétés à l'infini, décorent les ouvrages de chaque peuple primitif et ne ressemblent en rien aux objets d'art sortis des mains des nations qui, après leur chute, cherchent à reconstruire un nouvel avenir avec les débris du passé. Leur examen conduit forcément à penser que l'intelligence humaine éprouve des développements progressifs qui se formulent de la même manière sur toute la surface de la terre.

Les observations qui précèdent sont toutes faites sur des monuments que j'ai sous les yeux ; car les restes remontant à cette période ne sont pas rares dans les environs de Fontenay, *malgré les dénégations formelles de certains savants* armés de textes grecs ou latins, et indignés de ce que les anciens se soient permis de superposer des pierres dans des lieux inconnus à leurs *auteurs*. A les entendre, on sent leurs efforts jaloux pour tout rapetisser au-dessous de la réalité, et l'enfermer dans le cercle étroit que leurs rêves les plus hardis ne leur ont jamais fait franchir. Combien la conduite du peuple des campagnes, qu'ils traitent avec dédain, est différente en pareille occasion ! S'il se trouve en présence d'une chose qui lui soit inconnue, son imagination s'en empare, lui donne une forme poétique, la grandit au contact des richesses de sa pensée. Image saisissante de ce qui nous entoure : l'un rend l'ignorance même féconde, tandis que les autres frappent ce qu'ils touchent de stérilité et de mort !

Voici la liste des communes de la Vendée qui possèdent des ruines gallo-romaines :

1° Saint-Hilaire-sur-l'Autise. — *La Vergne.* — Murs, citernes, monnaies du haut empire, poteries, briques, tuiles à rebords.

2° Nieuil-sur-l'Autise. — Murs, briques, tuiles à rebords.

3° FONTENAY. — *Saint-Thomas.* — Murs, poteries, briques, tuiles à rebords, poids en terre cuite, fragments de vases à figures, monnaies gauloises en électrum de la seconde période, au type du Poitou et de la Saintonge, monnaies d'or du haut empire, médaillon d'or de Constantin.

4° SAINT-MÉDARD-DES-PRÉS. — V. *plus loin.*

5° AUZAY. — Briques, tuiles à rebords, monnaies d'or et d'argent du haut empire, conservées par M. B. Bréchard.

6° LE LANGON. — *Le Pontreau.* — Pavés, murs, tuiles à rebords, meules conservées par M. Savy, clefs en bronze, fibules, monnaies gauloises de la dernière période : ANICOIOS. ATECTORI. CONTOVTOS, statuette en bronze de sanglier, monnaies romaines de toutes les époques.

7° CHANTONNAY. — Murs, briques, tuiles à rebords, monnaies du bas empire.

8° SAINT-SORNIN-EN-TALMONDAIS. — *Propriété de M. de Puyberneau.* — Murs, pavés, citernes, réservoirs, poteries, briques, tuiles à rebords.

9° CHALLANS. — Murs, pavés, tuiles à rebords, briques, monnaies du bas empire, poteries, débris d'une villa décrite par M. La Bretonnière.

10° APREMONT. — Murs, poteries, tuiles à rebords, briques, objets en bronze, puits, monnaies romaines de toutes les époques, entre autres un *aureus* de Vitellius.

11° AIZENAY. — Murs, poteries, tuiles à rebords, briques, monnaies du bas empire.

12° SAINT-GERVAIS. — Ruines décrites par M. Mourain de Sourdeval (*Bulletins de la Soc. des Antiq. de l'Ouest*, 1842, 3° trim.) ; elles ont beaucoup d'analogie avec celles de Saint-Médard.

13° SAINT-GEORGES-DE-MONTAIGU, l'antique *Durinum.* — Murs, puits, voie romaine, poteries, objets en bronze, monnaies romaines de toutes les époques.

14° Bazoges-en-Paillers. — Voie romaine étudiée par M. Charles Dugast-Matifeux.

15° Les Herbiers. — Briques, tuiles, murs, monnaies romaines. Ces ruines ne peuvent être mentionnées qu'avec une extrême circonspection, n'ayant été signalées que par M. Massé-Isidore, dans ses incroyables divagations.

16° Sigournay. — Voie romaine étudiée par M. Léon Audé.

17° Saint-Pierre-du-Chemin. — Voie romaine.

Quelques-unes de ces localités ne devaient être alors que des villas de peu d'importance; mais Saint-Thomas, Le Langon ¹, Apremont et surtout Saint-Georges étaient des stations assez considérables.

Au reste, les débris dont je viens de donner la nomenclature ne sont pas les seuls répandus sur le sol de nos contrées, et des investigations plus minutieuses feront sans doute signaler plus tard d'autres gisements.

Il serait même à désirer qu'une circulaire détaillée fût envoyée à tous les maires et curés du département, et qu'on les priât de noter les endroits où se trouvent des ruines anciennes, en ayant soin d'indiquer la nature des matériaux. On arriverait ainsi à dresser une carte qui permettrait de connaître plus exactement la géographie de cette partie des Gaules, et l'on arriverait probablement à déterminer les raisons qui ont fait tracer, un peu plus tard, les premières divisions ecclésiastiques.

Peut-on douter maintenant du passage des mœurs romaines en Bas-Poitou? Ces témoignages matériels sont de nature à convaincre nos contradicteurs les plus récalcitrants, puisque les lieux cités appartiennent à tous les points de la Vendée.

Ceci démontré, j'arrive au sujet principal de ce mémoire.

---

¹ Le Langon n'a cependant jamais été une ville populeuse, comme le prétend le chroniqueur Bernard.

§ III.

En 1845, des ouvriers occupés à extraire des cailloux dans un champ situé près de la métairie de la *Cure*, au sud-ouest de Saint-Médard, découvrirent, à une profondeur d'un mètre, une grande quantité de tuiles romaines et les murs d'une salle de dix mètres de long sur huit de large, pavée de grandes dalles. Au milieu des décombres, ils trouvèrent une cuve en pierre et des colonnes brisées, ornées de chapiteaux et de bases d'ordre dorique dégénéré.

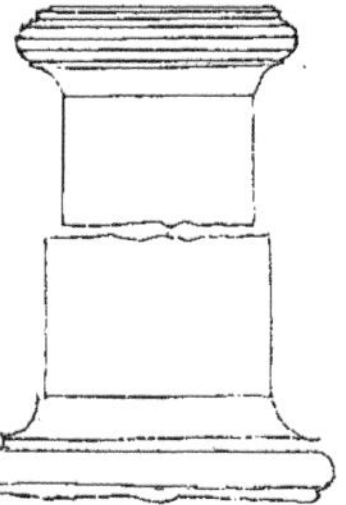

Pendant près de six mois que le terrain fut à la merci des travailleurs, ils n'appelèrent personne et firent disparaître, sur un espace de cinquante mètres, tous les vestiges qui gênaient l'extraction des matériaux siliceux déposés au-dessous.

Averti enfin par le bruit public, je me transportai sur le théâtre de la découverte, et l'entrepreneur me montra des conduits en plomb, des fragments de poteries et un moulin à bras en granit; j'achetai des ouvriers quelques monnaies d'argent et de cuivre d'Adrien, de Faustine-la-Mère, de Caracalla, de Gordien-le-Jeune, de Posthume, de Tetricus et de Victorin [1], et j'appris avec regret que, l'année précédente, un candélabre en bronze, pesant environ huit kilogrammes, avait été déterré et vendu à un chaudronnier. A partir de ce moment, les fouilles furent surveillées, et, grâce aux soins de Mlle Cl. Poëy-d'Avant, et MM. Ritter, de Rochebrune, Boncenne, juge d'instruction, et A. Jousseaume, ce qui méritait d'être conservé fut soigneusement recueilli.

Les renseignements fournis par les travailleurs me prouvèrent que ces décombres appartenaient à l'*atrium* d'une villa. Les anciens donnaient ce nom à un édifice couvert d'un toit, placé en avant de la portion habitée de la maison, et composé d'une galerie embellie de colonnes entourant le *cavædium* ou petite cour intérieure, au centre de laquelle était un bassin appelé *compluvium*, qui recevait les eaux tombant de l'*impluvium*, espace vide destiné à laisser pénétrer le jour. Du *compluvium* des tuyaux en plomb communiquaient avec une citerne.

Ce que je dis de l'*atrium*, d'après Vitruve, Pline et autres écrivains contemporains, est la description exacte de nos débris. Les colonnes, le pavé, le bassin percé, le chapiteau et la base de la colonnette en marbre blanc du jet d'eau, les conduits en plomb existent, et la citerne apparaîtrait certainement si l'on sondait le sol.

De cet édifice partaient des murailles qui environnaient des aires en béton et permettaient de reconnaître l'emplacement des portes de communication. Mais, à cet endroit, une difficulté se présente : à la suite d'incendies ou d'accidents inconnus, les constructions primitives furent rasées et remplacées par d'autres; si bien que, dans certaines

[1] D'autres personnes ont eu des monnaies de Domitien, de Maximin-de-Thrace, de Claude II, de Constantin, de Fausta et de Constant.

parties, on reconnaît trois couches superposées de pavés. La plus ancienne, faite de mortier et de petites pierres, est à 1ᵐ50 de profondeur; la seconde, de ciment très-uni posé sur un lit de chaux mêlé de cailloux, à 1ᵐ, et la troisième, de mortier de sable et de pierres, à 0ᵐ40. L'assemblage de toutes ces substructions qui se croisent, se contrarient, et ont la plus grande analogie entre elles, rend difficile, pour ne pas dire impossible, la levée du plan, jusqu'à ce que l'on ait fouillé partout; autrement on courrait risque de commettre de graves erreurs.

Les fondations sont de pierres brutes jetées sans ordre dans du mortier, avec lequel elles se lient et forment corps. Sortis de terre, les murs sont construits en petit appareil : quelquefois aussi on s'est contenté d'appliquer sur leur surface une couche de ciment que l'on ornait de raies imitant des rectangles. Le mur d'enceinte, qui servait de limite à la villa du côté de l'ouest, offre un exemple de ce genre de construction.

Jusqu'ici l'on n'a mis au jour que l'*atrium*, quatre petites chambres voisines, une cuisine qui contenait deux fourneaux en maçonnerie grossière percés par le haut [1], et une salle dont l'aire reposait sur une épaisse couche de débris de revêtements de murailles ornés de peintures. Ces pièces appartenaient évidemment aux constructions les plus récentes, et ne présentaient rien de remarquable; tandis que les fragments peints trouvés sous le pavé de la dernière méritent une attention sérieuse.

§ IV.

Les motifs sont en tout semblables à ceux que les artistes ont employé à la décoration des appartements d'Herculanum et de Pompeï. Le milieu des panneaux est occupé par des sujets tirés de l'histoire,

---

[1] Près du mur de la cuisine était une grande quantité de coquilles d'huîtres.

de la mythologie ou de la vie privée, entremêlés de paysages. Les tableaux à figures étaient de deux grandeurs : les personnages des uns avaient 0m35 et ceux des autres 0m14.

Des premiers il ne reste qu'un buste de femme relevant ses cheveux de la main droite : le geste et les traits du visage indiquent qu'elle devait faire partie d'une composition retraçant un événement sérieux, sinon tragique ; le col, la poitrine et les bras d'une jeune femme assise ; une jolie tête d'enfant blond regardant à gauche ; plusieurs jambes ; un pied féminin chaussé des sandales que l'on donnait ordinairement aux nymphes chasseresses de Diane ou à la déesse elle-même ; un gros poisson et un panier rempli de champignons. Ce dernier morceau appartenait peut-être à un sujet rustique. Les figures se détachent sur un fond naturel.

Les personnages de moindre dimension sont, au contraire, sur fond rouge et noir. Nous possédons en ce genre un Amour décoré d'ailes azurées, portant un vase jaune ; le corps d'un homme qui tient les rênes d'un coursier ; un filet rempli de poisson, et des chevaux marins verts dont les naseaux, le poitrail et les jambes sont roses. Ces animaux semblent attelés au char de quelque divinité de la mer.

Quant aux paysages, il n'en existe que deux ou trois fragments : la partie antérieure d'une petite panthère ; un vase contenant une plante aquatique ; deux cygnes et un ciel bleu.

Je ne sais si le voisinage de l'Océan et la vue des marécages de la Vendée avaient inspiré le peintre ; mais on doit remarquer combien il avait emprunté au royaume de Neptune. Il n'y a pas jusqu'aux encadrements qui se ressentent de cette prédilection toute particulière. Plusieurs sont ornés de tritons verdâtres reliés entre eux par des algues tressées en légers rubans. Des raies et des filets noirs, jaunes, verts et rouges, une belle guirlande de laurier que soutiennent des agrafes et

3

des glands d'or, et des colliers de perles auxquels sont suspendus des vases, entourent également les compositions et sont animés par des oiseaux aux riches couleurs qui se jouent dans le feuillage [1].

Le style de ces peintures ne manque pas de caractère, et certains détails dénotent de l'habileté et beaucoup d'habitude du pinceau; le faire est élégant; les touches fines et les larges hachures qui font ressortir les clairs ont de l'analogie avec la manière adoptée par divers maîtres dans leurs dessins faits à grands coups de brosse sur papier teinté [2]. Néanmoins le mérite des figures est, à mon avis, au-dessous de celui des ornements, et je ne serais pas étonné que l'auteur eût imité des compositions connues, tandis que son imagination seule guidait les caprices de ses arabesques jetés du premier coup. On a d'ailleurs de nombreux exemples de copies de ce genre chez les anciens, et les peintures célèbres devaient, comme les chefs-d'œuvre de la statuaire, être souvent reproduites.

Les procédés employés pour l'application des couleurs sont assez simples. Une couche de mortier de chaux et de gros sable, épaisse de 0^m021, a été d'abord posée sur la muraille, et recouverte ensuite d'une seconde en mortier plus fin, n'ayant que 0^m004 [3]. Celle-ci a été à son tour revêtue d'un préparation sur laquelle l'artiste a travaillé, lorsque le tout aura été sec. Deux raisons me font adopter cet avis :

[1] Ces peintures ornaient probablement une chambre à coucher. On les appelait *opera topiaria.* — V. Pline, lib. **XXXV**, cap. **X**. — Pline-le-Jeune, lib. **II**, epist. **XVII**.

[2] L'artiste a fortement accentué les contours au moyen d'une grosse ligne qui tranche légèrement sur le fond et sert de repoussoir aux demi-teintes.

[3] V. Vitruve, lib. **VII**; Pline, lib. **XXXVI**. — On mettait quelquefois cinq couches successives. Les trois premières étaient composées d'un mélange de chaux et de sable de rivière, et dans les deux supérieures on remplaçait le sable par du marbre pulvérisé. A Saint-Médard, cet élément n'a pu être employé, et l'on s'est contenté d'un sable plus fin.

Les couleurs s'enlèvent par écailles très-minces et ne font point corps avec l'enduit;

Elles ont été superposées les unes sur les autres, ainsi qu'on le remarque en les frottant.

Donc ce ne sont point des fresques; car, dans ce cas, les principes colorants auraient pénétré; par conséquent je conclus que nos débris sont peints à l'encaustique ou en détrempe.

Je touche là une des questions les plus controversées, et je suis loin d'avoir l'intention de renouveler la querelle. Les hommes les plus éminents de la science ayant émis des opinions contraires, je me contenterai de décrire ce que je vois; heureux si mes remarques peuvent être utiles aux illustres antagonistes.

Deux savants, qui font autorité, nient formellement l'existence de fresques antiques. « *Il est à remarquer*, dit Winckelmann [1], *que la plupart de ces tableaux ne sont pas peints sur de la chaux humide, mais sur un champ sec, ce qui est très visible à quelques figures qui se sont enlevées par écailles, de manière qu'on voit distinctement le fond sur lequel elles sont exécutées.* » M. Letronne, dans ses *Lettres d'un Antiquaire à un Artiste*, T. I, p. 368, confirme l'avis de Winckelmann. « *La preuve, dit-il, que les sujets ont été peints à sec, c'est que leur couleur ne tient pas au fond; c'est qu'il se montre sous les étoffes transparentes, et reparaît partout où la couleur est tombée; car souvent elle s'en détache. C'est là une observation faite depuis longtemps par Winckelmann, Fougeroux, Lalande, etc.; la justesse en a été confirmée par les observateurs attentifs.* » Ce passage semble avoir été écrit en présence des peintures de Saint-Médard, tant il en énumère exactement les caractères distinctifs.

[1] *Histoire de l'Art chez les anciens*, liv. **IV**, chap. **VIII**.

Reste à savoir maintenant si l'artiste a fait usage de la détrempe ou de l'encaustique. Je pencherais vers la première opinion, qui me semble ici la seule admissible, puisque, indépendamment des raisons émises plus haut, nos peintures sont rugueuses et peu transparentes [1].

M. Chevreul, dans un mémoire [2] sur lequel je reviendrai plus longuement tout à l'heure, a confirmé [3] en grande partie ce que je viens d'avancer. Voici ce qu'il dit à propos de deux échantillons de peintures que je lui avais fait parvenir :

« *Examen d'un fragment représentant une cuisse et une jambe de femme, avec un pied chaussé d'une sandale, sur un fond verdâtre* [4].

» Cette peinture couvrait un morceau de mortier de 0^{m}04 d'épaisseur, composé, dans l'origine, de chaux grasse, de sable et de gravier.

» La chaux grasse était entièrement convertie en sous-carbonate. Je dis que ce mortier avait été composé avec de la chaux grasse, parce que, après avoir été dissous avec effervescence par l'acide azotique, la solution séparée du sable et du gravier siliceux par la filtration, évaporée à sec, et le résidu repris par l'eau, ne laissa pas de silice ; il céda au liquide beaucoup d'azote de chaux mêlé de très peu d'azotate d'alumine, de peroxyde de fer et de trace de magnésie.

» Si l'œil ne distingue pas des couches différentes dans ce mortier,

[1] V. la *Revue archéologique*, art. de M. Cartier fils, sur *la Peinture encaustique des anciens*. — Il signale des fragments de décorations et d'autres peintures exécutées par ce procédé.

[2] *Mém. de l'Académie des sciences*, 1849, p. 200.

[3] Mon travail, rédigé depuis plus d'un an, avait été communiqué à M. Chevreul avant d'être complétement livré à l'impression.

[4] Ce fragment appartenait aux sujets de grande dimension.

il est impossible que la surface peinte ne soit pas d'une pâte plus fine que celle du mortier. Mais comment la peinture a-t-elle été appliquée sur l'enduit? C'est une question à laquelle je vais répondre par l'examen minutieux que j'ai fait des choses, en distinguant soigneusement le résultat des expériences des conjectures que j'ai pu former sans pouvoir les vérifier.

» Le fond d'un gris verdâtre a été probablement appliqué avec un pinceau, car on voit des traits parallèles les uns aux autres ; je dis probablement, parce qu'il ne serait pas impossible que l'enduit eût été frotté avec des matières dures qui auraient creusé des sillons à sa surface.

» La couleur est évidemment de la terre de Vérone ¹, mélangée de particules bleues distinctes à la loupe et même à la vue simple. Ces particules sont vraisemblablement du bleu égyptien.

» N'ayant pu apprécier l'épaisseur de l'enduit ni celle de la couche colorée, je ne puis affirmer si l'enduit a reçu la couleur après sa dessication, comme le pense M. Fillon, ou bien si l'enduit et la couleur ne font qu'un. Dans ce dernier cas, le mortier aurait reçu un enduit de couleur.

» Lorsque les figures ont été peintes, le fond était parfaitement sec; car, en détachant avec précaution les couleurs rouge, rose et blanche des carnations, on retrouve dessous le fond d'un gris verdâtre ; et on aperçoit dans celui-ci, mis à découvert, la terre de Vérone et le bleu égyptien.

» La couleur de chair était du peroxyde de fer anhydre, et la rose un mélange du même oxyde et de sous-carbonate de chaux mêlé d'alu-

---

¹ V. plus loin l'analyse chimique des matières colorantes trouvées dans le tombeau.

mine et d'une trace de magnésie. Il est probable que, dans l'origine, la chaux avait été mêlée à l'état caustique avec l'oxyde de fer.

» La sandale présentait une belle couleur jaune qui avait été ajoutée sur la carnation après la dessication de celle-ci. Il y avait donc eu trois applications successives de couleurs superposées : le fond, la carnation et la teinte de la sandale.

» J'avais pensé un moment qu'il y avait eu du cinabre mélangé au peroxyde de fer ; mais, ayant traité à chaud, dans un tube de verre fermé, la matière rouge qui n'avait pas été dissoute par l'acide chlorhydrique, je n'en ai pas retiré de sublimé mercuriel. »

On verra plus tard que plusieurs des couleurs employées figuraient en nature au nombre des objets trouvés dans le tombeau de l'artiste. Le savant chimiste va nous dire maintenant comment elles ont pu être appliquées sur les parois du mur.

« J'ai d'abord cherché, ajoute M. Chevreul, dans la peinture séparée par le grattage du mortier, la présence d'une matière soluble dans l'eau, telle que matière gommeuse, matière azotée caséeuse, alumineuse ou gélatineuse ; mais je n'ai rien trouvé qui ait pu me donner à penser qu'on avait ajouté un corps de cette nature aux matières colorées.

» L'alcool bouillant a enlevé aux matières colorées des carnations une très faible quantité de matière grasse qui pouvait être de la cire, ou un mélange de cire et de résine ; mais il n'y en avait qu'une quantité beaucoup trop faible pour en constater la nature spécifique : cette faible quantité était d'ailleurs une conséquence des deux faits suivants : 1° c'est que la peinture ne donnait qu'une trace de produit empyreumatique odorant à la distillation ; 2° que l'eau était bue par l'enduit coloré. Or, s'il y avait eu une quantité notable de corps gras, les résultats eussent été différents.

» Mais je ne m'en suis pas tenu à ce résultat. Après avoir traité la peinture par l'eau, l'alcool, je l'ai soumise à l'action de l'acide chlorhydrique, afin de décomposer les savons terreux ou métalliques qui auraient pu se former par l'emploi d'un corps huileux, soit que ce corps huileux eût été dans l'origine neutre, comme le sont les huiles d'olive, de pavot, la graisse proprement dite ; soit qu'il eût été acide, comme le sont les acides oléique, margarique, &c. Eh bien ! l'alcool appliqué au résidu insoluble dans l'acide, et au papier dans lequel on avait filtré la solution chlorhydrique, n'a donné aucune matière grasse.

» *Examen d'un fragment représentant une figure nue d'enfant à ailes vertes sur un fond rouge* [1].

» Evidemment la figure avait été faite sur le fond déjà sec comme dans le premier fragment, car en la grattant on mettait le fond à découvert ; en outre, les ailes vertes avaient été peintes à deux reprises et à teintes plates. La première couche était de la terre de Vérone mêlée de bleu égyptien et de sous-carbonate de chaux ; et la seconde, qui faisait le clair de la première, était un mélange de terre de Vérone et de sous-carbonate de chaux, et l'on pouvait enlever ces matières par écailles, conformément à l'apparence qu'elles présentaient d'avoir été appliquées par superposition. Le fond était composé essentiellement de peroxyde de fer et de sous-carbonate de chaux.

» Les carnations traitées par l'eau froide n'ont donné que des traces de matière organique et de sel calcaire, probablement sous-carbonate. Traitées par l'alcool bouillant, elles ont cédé à ce liquide une trace de matière grasse semblable à celle qu'on avait séparée du premier fragment. Le résidu indissous par l'eau et l'alcool était formé de sous-

---

[1] Fragment des sujets de petite dimension.

carbonate de chaux, de peroxyde de fer. Il y avait en outre de l'alumine et de la magnésie, mais pas d'oxyde de manganèse : un moment on crut à la présence du cinabre, mais on reconnut qu'il n'y en avait pas. »

Enfin M. Chevreul termine ainsi son mémoire :

« N'ayant pu découvrir, dans les deux fragments de peinture, rien qui annonçât l'emploi d'une matière gommeuse, résineuse, huileuse, gélatineuse ou caséeuse pour appliquer la peinture sur l'enduit, j'ai cherché à voir s'il ne serait pas possible de faire cette application en ne recourant qu'à un simple mélange de la matière colorante avec de la chaux humectée. L'expérience a justifié ma prévision. Le peroxyde de fer, employé de cette manière, est extrêmement solide aux injures de l'air ; lorsque la chaux, qui peut être en excès, est carbonatée, le frottement et la pluie n'enlèvent pas la matière. Le vert-de-gris donne un bon résultat, mais il n'est pas aussi solide que le peroxyde de fer. J'ai appliqué, de la même manière encore, le bleu égyptien au mélange de terre de Vérone et de bleu égyptien et le vermillon avec le même succès. Je crois donc à la possibilité de faire des peintures murales avec des matières colorantes et de la chaux hydratée réduites en une matière suffisamment coulante au moyen de l'eau. »

§ V.

La villa de Saint-Médard était probablement isolée ; du moins on n'a pas trouvé d'autres vestiges de construction aux alentours. Ses dépendances s'étendaient sur l'emplacement des maisons actuelles, du cimetière et des jardins, où l'on a découvert un fourneau et plusieurs puits, du fond desquels ont été retirés des ossements d'animaux [1], des poteries noires

---

[1] Parmi les ossements se trouvait une tête d'antilope.

striées et le col d'un vase portant les lettres MAP gravées à la pointe. Une cruche gallo-romaine déterrée à Apremont, et qui est entre les mains de M. Huette, opticien à Nantes, offre une inscription du même genre.

Je signalerai encore deux petites salles, situées à l'extrémité sud-ouest du mur d'enceinte, qui étaient pavées en briques à rebords posées sur de la chaux ; mais je ne puis dire quelle était leur destination. A travers leurs décombres, on a trouvé deux ou trois monnaies romaines du moyen et bas empire, une fibule, une balance en bronze de petite dimension, des morceaux de poteries rouges et noires à figures, et des anses et extrémités d'amphores dont quelques-unes portent les marques de fabrique, entre autres :

L. EPP. II.

F. CO. PAB.

IOC.

IVL. AP.

P. VLP.

FVLV.

PAVLOS F.

CAIVS FEC.

E. O. TRICCOS.

Le lecteur voit combien il serait à désirer que les fouilles fussent continuées avec méthode. La position des pièces de la villa qui ont été retrouvées annonce que l'on n'est pas encore arrivé aux appartements habités par les maîtres, et qu'il y a tout lieu de croire que des découvertes importantes, sous le rapport de l'art, surgiraient du sol. MM. Parenteau-Lavoute et Savary de L'Epineray, propriétaires du terrain, que l'on ne saurait trop remercier de leur bon vouloir, sont on ne peut mieux disposés à permettre d'exécuter les travaux nécessaires, et l'on pourrait à peu de frais sonder tout l'emplacement occupé par les ruines.

4

§ VI.

Là s'arrêtaient donc nos découvertes, et nous n'espérions plus trouver que des restes de murs et des objets déjà connus, lorsque, le 27 octobre 1847, M. le docteur Dagron [1] me montra des vases en verre d'une conservation parfaite qui venaient d'être retirés de terre, à quatre-vingt et quelques mètres au sud-ouest de la villa, par les aliénés du dépôt de la Vendée qu'il a sous sa direction.

Dès lors un nouveau champ d'investigations nous était ouvert, et nous nous mîmes à fouiller avec ardeur le terrain indiqué.

Le résultat dépassa toutes mes espérances, car, après plusieurs jours de travail, j'avais sous les yeux le tombeau d'une femme artiste gallo-romaine, dont le squelette était entouré de tous les instruments de son art.

La fosse était carrée, avait quatre mètres de côté dans sa partie inférieure, six dans sa partie supérieure, à cause du talus, et deux de profondeur. On ne voyait aucune trace de maçonnerie ; quelques grandes pierres, jetées sans ordre, recouvraient simplement le tombeau. Le cercueil et les objets placés au fond avaient été entourés de sable fin et de terre rendue noire par la décomposition des matières organiques. Le tassement avait brisé plusieurs des vases et des autres ustensiles.

La Planche Ire servira à indiquer la place qu'occupaient les divers objets.

    1° Cercueil contenant le squelette ;

    2° Vases en verre blanc ;

---

[1] M. Dagron doit être considéré comme le véritable inventeur de ce trésor archéologique. Grâce à lui les premiers objets découverts furent conservés, et c'est à sa complaisance et à son désintéressement que je dois en quelque sorte le plaisir de décrire aujourd'hui l'ensemble de l'enfouissement.

3° Vase en verre de couleur et assiettes en terre cuite ;

4° Amphores ;

5° Vases en verre blanc et jaune, débris de boîte en bois ;

6° Mortier en albâtre ;

7° Coffret en fer contenant une boîte à couleurs, un godet, un étui
et deux petites cuillers de bronze, deux instruments en cristal
de roche, des manches de pinceaux et une palette en basalte ;

8° Grands vases en verre blanc ;

9° Grande bouteille en verre blanc remplie d'une matière bleue ;

10° Petites fioles en verre blanc, vase de terre noire contenant de
la terre de Sienne et du bleu égyptien, autre vase en verre
blanc rempli de résine ;

11°, 12°, 13° Débris de coffres en bois.

La présence des matières renfermées dans la boîte à couleurs et dans plusieurs des vases donnait surtout un prix inappréciable à cette découverte, que je m'empressai de communiquer à M. Letronne.

« Vous avez entre les mains, m'écrivait-il le 28 novembre 1847, un trésor *unique* en son genre. Je serai heureux de contribuer à le faire connaître au monde savant, et vous pouvez compter sur le zèle du vieil antiquaire. Vous savez du reste quel prix j'attache à tout ce qui peut jeter quelque lumière sur une question que j'ai étudiée avec un soin tout particulier, et qui a excité de longs et pénibles débats [1]. Les documents écrits me donnent raison ; j'espère que la chimie me viendra également en aide.

» L'Académie des inscriptions et belles-lettres, qui avait entendu avec plaisir votre première communication [2], a été fort égayée par la lecture

[1] Avec M. Raoul Rochette.
[2] V. la *Revue archéologique*, 1847, p. 618.

du récit macaronique de vos tribulations archéologiques. Dédaignez, Monsieur, ces misères, et ne songez qu'à nous donner une bonne description de vos curieuses découvertes. »

Les dernières lignes de M. Letronne faisaient allusion à un déplorable conflit qui faillit amener la dispersion de l'enfouissement.

Quelques jours plus tard, il chargeait son ami, M. Chevreul, membre de l'Académie des sciences, alors occupé à coordonner les documents relatifs à des *Considérations générales sur l'histoire de la chimie chez les anciens peuples*, d'analyser les matières colorantes. Le 29 décembre 1848 et le 29 janvier 1849, ce dernier faisait connaître à ses collègues les résultats obtenus.

Son rapport, intitulé *Recherches chimiques sur plusieurs objets d'archéologie trouvés dans le département de la Vendée*, sera reproduit dans le tome XXII, année 1849, des Mémoires de l'Académie des sciences [1]. J'ai déjà donné un extrait de ce beau travail, à propos des peintures murales de la villa, et j'aurai bientôt occasion d'y faire de nombreux emprunts.

§ VII.

A l'angle nord-est de la fosse était le cercueil où avait été renfermé le cadavre, la tête tournée vers l'orient. Il était fait avec des planches de noyer [2], réduites, par l'action de l'humidité, en une épaisse couche d'une pâte noire et ligneuse mêlée de fragments plus solides, qui permettaient de reconnaître la nature primitive du bois. Quatre cercles de fer, ayant 0m07 de largeur et 0m02 d'épaisseur, et soigneusement

---

[1] V. également les *Comptes-rendus de l'Académie des sciences*, séance du lundi 29 janvier 1849, p. 141.

[2] C'est par erreur que j'ai dit dans ma première lettre à M. Letronne que le cercueil était en bois de chêne. *Rev. arch.*, 1847, p. 619.

attachées au moyen de vis, assuraient la solidité du cercueil, qui, à chaque extrémité, avait une poignée semblable à celles de nos malles. Des plaques de même métal fortifiaient les angles [1].

Le squelette, long de 1^m53, était celui d'une jeune femme. La tête, retirée intacte de terre, avait des dents blanches d'une conservation parfaite ; malheureusement elle fut presque aussitôt brisée par un enfant. Sur la poitrine se trouvaient deux dents de sanglier percées de trous qui servaient à les suspendre à un lien passé autour du cou.

Cette circonstance remarquable me fait supposer que la femme enterrée à Saint-Médard appartenait à la race gauloise, dont le sanglier était le symbole ; vérité historique désormais acquise, grâce aux recherches numismatiques de M. de La Saussaye [2], qui a démontré que l'image de cet animal couronnait les enseignes militaires de nos ancêtres, et que le cheval libre gravé sur leurs monnaies n'était qu'une imitation dégénérée du type des *statères* de Philippe de Macédoine. Quant au coq gaulois, on sait qu'il dut sa popularité à un calembour rajeuni par les historiographes en titre de la monarchie de juillet.

L'histoire nous a conservé les noms de plusieurs femmes de l'antiquité qui se sont livrées à la peinture ; il est cependant extraordinaire de

[1] Ce n'est pas le premier exemple de cercueils en bois employés par les Gallo-Romains. — V. entre autres la notice de M. Eugène Lecointre sur les sépultures d'Ecuré ; dans les T. XXV et XXVI de l'*Archeologia*, la description de tombeaux trouvés en Angleterre, et, dans le *Cabinet de l'Amateur*, 1843, p. 338, l'article de M. Aug. Moutié sur le cimetière de la butte de Gargans, près de Mantes. Il est vrai que ces dernières sépultures sont attribuées à la période mérovingienne.

[2] *Revue numismatique*, 1840, p. 245.

« .... Nous établissons, dit M. de La Saussaye, que le sanglier fut choisi comme symbole naturel de la force farouche des Gaulois et de leur vie sauvage dans les forêts et les marécages qui couvraient la plus grande partie de leur territoire. Et quant à la valeur religieuse que sa présence sur les monnaies nous commande de reconnaître, elle nous paraît avoir dû son origine à la vie habituelle du sanglier dans ces forêts qui étaient honorées d'un culte spécial, et où il se nourrissait du fruit même

rencontrer les restes de l'une d'elles dans un lieu si éloigné des grands foyers intellectuels. Quelle mystérieuse histoire renferme cette tombe ? Quelle était cette femme jeune, douée de talents acquis au contact d'une civilisation avancée, qui était venue ensevelir sa vie au fond de ces sombres forêts, asyle impénétrable jeté aux extrémités du monde ? La fille des Pictons était allée sans doute demander aux conquérants de sa patrie de l'initier aux secrets de leurs arts ; ramenée ensuite au milieu de ses compatriotes, elle avait voulu embellir sa triste demeure et charmer ses loisirs. Les modestes matériaux employés à la construction de la villa étaient en effet peu en rapport avec les décorations intérieures : les murailles de pierre disparaissaient sous les richesses artistiques répandues par une main habile.

Mais ce monde qu'elle avait entrevu ne pouvait être oublié. L'air des grandes cités était nécessaire à l'artiste, et la solitude la conduisit bien vite au découragement ; puis, succombant enfin sous le poids de sa morne tristesse, elle rendit peut-être un soir le dernier soupir, les regards tournés vers ses peintures inachevées, tandis que le rugissement lointain de la mer berçait son agonie, et que les rayons du soleil à son déclin lui apportaient un brillant reflet du séjour de ses premières années !

Dans ces temps de croyances naïves, une coutume touchante faisait

de l'arbre sacré par excellence, le chêne, placé à la tête de tous les objets d'adoration, comme le simulacre du *Dieu unique* des Druides. »

Une autre cause avait dû aussi influencer les opinions religieuses des Gaulois. Le cochon sauvage, *sus gallicus*, étant la principale production du pays, la reconnaissance avait pu faire placer ce bienfaisant animal au rang des dieux. Quoi qu'il en soit, on le trouve représenté sur une foule de médailles et de monuments. — V. la porte Connétable de Narbonne et l'arc de triomphe d'Orange.

Le musée de Narbonne possède des dents percées de sanglier ayant servi d'amulette, n° 339–385 du catalogue.

Les Romains en suspendaient également au cou de leurs enfants en bas-âge, et leur attribuaient de merveilleuses vertus odontalgiques. — V. *Rev. arch.*, 1847, p. 230, article de M. Louis Pesch.

entourer les morts des objets qu'ils avaient affectionnés pendant leur vie. Lorsque les dépouilles de la jeune femme furent confiées à la terre, on plaça dans la fosse tout ce qui avait servi à son usage, et c'est à cette circonstance que nous devons la conservation de ce merveilleux dépôt.

§ VIII.

Autour du cercueil, et dans divers endroits de la fosse, on avait placé près de quatre-vingts vases en verre de toutes les dimensions. Le plus grand nombre avait été brisé par le tassement des terres et la maladresse des premiers ouvriers employés à leur extraction; une vingtaine avait pu résister. Les Planches II et III donneront au lecteur une idée exacte de ces vases, qui offraient des formes très variées. Le plus grand de ceux qui subsistent [1] est hexagone, et contient trois litres cinq décilitres; un autre dont je ne possède que les débris devait en contenir au moins six. Ils étaient bouchés avec des tampons en bois recouverts d'une feuille de cuivre.

Ces verres se divisent en trois catégories distinctes : les uns, d'un blanc verdâtre, et ce sont les plus nombreux, sont de même nature que nos bouteilles; les autres, formés de silice, de potasse, de soude et d'oxyde de plomb, appartiennent à la classe des cristaux artificiels [2]; un seul, coloré en jaune, est orné de marbrures blanches, mêlées à la pâte, qui lui donnent l'aspect des produits sortis des fabriques de Venise [3]. Un petit godet est de même couleur, avec un simple filet blanc dans son rebord.

[1] V. Pl. III, n° 11.
[2] Lettre de M. Chevreul du 9 mai 1849. — V. son Mémoire, p. 191 et 206. — M. Girardin a fait l'analyse d'un vase semblable trouvé aux environs de Rouen, dans un tombeau gallo-romain.
[3] V. Pl. III, n° 18.

CATALOGUE DES VASES EN VERRE.

I.

VASES EN VERRE DE BOUTEILLE.

1° N° 11 de la Pl. III. — Vase hexagone à une anse [1]. — Hauteur, 0ᵐ23 ; diamètre, 0ᵐ18. — Le fond orné de cercles concentriques.

2° N° 19 de la Pl. III. — Vase rond à deux anses. — Hauteur, 0ᵐ17 ; diamètre dans sa plus grande largeur, 0ᵐ18.

3° N° 5 de la Pl. III. — Bouteille carrée à une anse. — Hauteur, 0ᵐ20 ; largeur, 0ᵐ11. — Le fond orné d'un carré inscrit dans un cercle ; au milieu du carré trois autres cercles concentriques. — Collection de M. B. Bréchard. — Deux exemplaires ; un entier, l'autre brisé.

4° Même forme. — Hauteur, 0ᵐ16 ; largeur, 0ᵐ08. — Brisée.

5° N° 10 de la Pl. III. — Même forme. — Hauteur, 0ᵐ12 ; largeur, 0ᵐ06. — Le fond orné de deux cercles concentriques.

6° Même forme. — Hauteur, 0ᵐ12 ; largeur, 0ᵐ056. — Brisée.

7° Même forme. — Hauteur, 0ᵐ09 ; largeur, 0ᵐ048. — Le fond est orné d'un phallus.

8° N° 16 de la Pl. III. — Bouteille carrée de forme allongée à une seule anse. — Hauteur, 0ᵐ25 ; largeur, 0ᵐ08. — Le fond orné de trois cercles concentriques. — Cinq exemplaires, dont un intact, un ayant l'anse détachée, et trois brisés.

---

[1] Les anses ne sont pas de la même pièce, elles ont toujours été soudées après coup, et sont ornées de cannelures.

9° N° 20 de la Pl. III. — Grand flacon rond à une anse. — Deux exemplaires brisés. — Hauteur, 0ᵐ26 ; diamètre, 0ᵐ19.

10° Flacon carré à grand goulot. — Hauteur, 0ᵐ10 ; largeur, 0,062. — Le fond orné de trois cercles concentriques.

11° Petit flacon rond à grand goulot. — Hauteur, 0ᵐ064 ; diamètre, 0ᵐ04.

12° Pl. II. — Grande bouteille à fond évasé et à long col renflé au milieu. — Hauteur, 0ᵐ24 ; diamètre du fond, 0ᵐ18. — Deux exemplaires ; l'un, rempli d'une matière bleue, appartient à M. Savary de L'Epineray ; l'autre est brisé. Le verre est plus blanc que celui des vases précédents.

13° N° 15 de la Pl. III. — Bouteille. — Hauteur, 0ᵐ20 ; diamètre du fond, 0ᵐ15. Le haut du col est brisé. Trois autres exemplaires étaient en pièces.

14° N° 6 de la Pl. III. — Bouteille à col plus allongé. — Trois exemplaires brisés.

15° N° 13 de la Pl. III. — Bouteille. — Hauteur, 0ᵐ186 ; diamètre du fond, 0ᵐ11. — Six exemplaires, dont trois entiers. Ils étaient remplis de cire.

16° N° 14 de la Pl. III. — Bouteille. — Hauteur, 0ᵐ12 ; diamètre du fond, 0ᵐ067. — Deux exemplaires entiers et quatre brisés. Ils étaient remplis de la matière dont l'analyse se trouve à la page 54.

17° Petite boutcille. — Hauteur, 0ᵐ097 ; diamètre du fond, 0ᵐ05. — Cinq exemplaires, dont un entier.

18° Petite bouteille. — Hauteur, 0ᵐ115 ; diamètre du fond, 0ᵐ035.

19° N° 1 de la Pl. III. — Fiole à deux anses et à panse évasée. — Hauteur, 0ᵐ076 ; diamètre, 0ᵐ078. — Deux exemplaires brisés.

20° N° 2 de la Pl. III. — Coupe. — Le dessin de ce vase n'est pas exact. — Hauteur, 0ᵐ088 ; diamètre, 0ᵐ086. — Un exemplaire brisé.

5

II.

VASES EN CRISTAL ARTIFICIEL.

21° Flacon à col rond légèrement renflé et à panse carrée. — Travail remarquable. — Hauteur, 0m164; largeur, 0m053. — Le fond est décoré d'une croix dont les branches sont repliées en angles droits. — Deux exemplaires, un entier et un brisé [1].

22° Autre de même forme, mais plus petit. — Brisé.

23° Fiole à large col et à panse plate. — N° 12 de la Pl. III. — Hauteur, 0m074; diamètre, 0m083.

24° Fiole. — N° 8 de la Pl. III. — Hauteur, 0m083; diamètre, 0m049. — Quatre exemplaires brisés.

III.

VASES EN VERRE DE COULEUR.

25° Fiole à col renflé et à panse arrondie. — N° 18 de la Pl. III. — Hauteur, 0m145; diamètre, 0m082. — Verre jaune orné de marbrures blanches.

26° Godet en verre jaune dont le rebord est décoré d'un filet blanc. — Pl. IV. — Hauteur, 0m03; diamètre, 0m039.

TOTAL : cinquante-six vases que l'on a pu mesurer. Plusieurs autres étaient réduits en fragments si petits qu'il a été impossible d'en reconnaître la forme.

———

Au moment où je livrais cette partie du mémoire à l'imprimeur, mon ami M. Charles Dugast-Matifeux m'a annoncé une découverte qui a la

[1] *Antiquité expliquée*, T. V, Pl. XCVIII, p. 18.

plus grande analogie avec celle de Saint-Médard. Des ouvriers employés à extraire des cailloux dans un champ situé près le village du Cormier, commune de Chavagnes-en-Paillers, ont dernièrement retiré de terre plusieurs vases en verre de fabrique romaine, dont deux seulement sont intacts. L'un a la même forme que le n° 6 du catalogue ; l'autre est une coupe d'un jaune pâle verdâtre, de petite dimension, autour de laquelle sont représentés en relief quatre combats de gladiateurs, ayant leurs noms inscrits au-dessus de leurs têtes : SPICVLVS, COLVMBVS, CALAMVS, HOLES ? PETRAHES ? PRVDES, PROCVLVS, COLVMBVS. Les figures sont d'un bon style, quoique assez mal venues et un peu pâteuses, par suite de l'usure du moule.

Les représentations de combats de gladiateurs se rencontrent souvent sur les monuments de la période romaine. Je citerai, par exemple, les fragments d'un beau plat de terre rouge déterrés à Saint-Thomas, qui portent des sujets absolument identiques, et les bas-reliefs en stuc du tombeau de Scaurus, trouvé à Pompeï. La ressemblance vraiment frappante qui existe entre ces divers ouvrages indique qu'ils sont tous des copies de sculptures célèbres, généralement connues, et devenues, en quelque sorte, des types consacrés.

Quoique je ne connaisse pas bien les circonstances de la découverte du Cormier, je crois pouvoir assurer que ces vases avaient été placés dans une sépulture gallo-romaine. Du reste on découvre, m'a-t-on dit, un grand nombre de gisements de cette époque sur le territoire de Chavagnes (*Notice hist. et arch. sur la commune de Chavagnes-en-Paillers*, par M. A. de La Villegille. — *Mém. de la Soc. des Ant. de l'Ouest.*), et l'on peut voir dans le cabinet de M. Gourraud, notaire à cette résidence, et amateur distingué, une curieuse collection de médailles et d'objets divers trouvés aux environs de la localité qu'il habite, parmi lesquels se trouvent les deux vases dont je viens de parler.

§ IX.

Six grandes amphores [1] en terre rougeâtre assez mal cuite occupaient l'angle nord-ouest du tombeau. Elles étaient tellement détériorées par un séjour prolongé dans un terrain humide qu'il a été impossible de les retirer intactes [2]. Leur contenance était de douze à quinze litres.

Quelques fragments de vases de moindre dimension et d'assiettes fabriquées avec la même terre étaient disséminés çà et là dans la fosse.

§ X.

Le n° 5 de la première Planche indique la place où se trouvaient les débris d'un coffret en bois de moyenne dimension. Aux huit angles étaient des plaques en fer, et le dessus était orné d'une bélière en bronze de forme élégante qui servait à le transporter. Ce meuble paraissait être une boîte à couleurs et renfermait plusieurs fragments de fioles en verre blanc très fin, le godet jaune mentionné au paragraphe VIII, un petit couteau à virole [3] ayant un manche en cèdre fait au tour avec beaucoup de dextérité, et dont la lame est complétement oxydée,

et deux petits cônes cylindriques de succin ou d'ambre jaune [4].

[1] *Antiquité expliquée*, par Montfaucon, T. III, 1re part., Pl. LXIX.
[2] V. Pl. III, nos 3 et 7.
[3] Ce couteau a la forme de ceux que l'on fabrique encore aujourd'hui à Pouzauges (Vendée). Le mécanisme de la virole établit surtout une ressemblance frappante. Le manche en cèdre a 0m085 de longueur.
[4] « Cette matière avait toutes les propriétés du succin ou de l'ambre jaune. M. Guibourt, à qui je l'ai présentée, n'a pas hésité à la considérer comme telle, après s'être convaincu qu'elle n'était ni gomme laque ni copal. » *Mémoires de l'Académie des sciences*, T. XXII, p. 195.

La terre qui entourait ces objets était noire, pâteuse, et semblait contenir des matières grasses ; mais il m'a été impossible d'en déterminer la nature.

§ XI.

A côté de la boîte était un mortier en albâtre avec son broyon [1], qui devait avoir primitivement la forme d'un pouce, avant que l'action des matières organiques, en suspension dans l'eau, n'eût amené une décomposition salpêtreuse, que l'on remarque sur presque toutes les substances calcaires soumises aux alternatives d'humidité et de sécheresse.

La découverte de cet ustensile vient pleinement confirmer ce qu'avait avancé M. Cartier fils, dans son travail sur la peinture encaustique des anciens. (*Revue archéologique*, 1846.) La forme est identiquement semblable à celle de deux mortiers reproduits à la page 447 de son travail.

Un petit broyon en cristal de roche brut était aussi déposé près du mortier [2].

§ XII.

L'extraction de chacun de ces objets fut pour le petit groupe d'amateurs réunis autour de la fosse un sujet de joie, mêlée souvent à de cruelles déceptions, lorsque l'on ne ramenait que des débris. Pendant huit jours, métamorphosés tour à tour en manœuvres, nous rivalisâmes de zèle. Tandis que l'un de nous opérait le déblaiement des terres, les autres, les yeux fixés sur la pioche, suivaient les progrès de la tranchée, et, à chaque découverte, applaudissaient, non sans un secret sentiment d'envie, à la bonne fortune de leur compagnon, aussitôt remplacé par un nouveau travailleur.

[1] V. Pl. II et V.
[2] V. Pl. V.

Mais pourquoi ne l'avouerions-nous pas? Notre ardeur imprudente fut plus d'une fois, hélas! presque aussi fatale à certains vases que la maladresse des premiers ouvriers, et plus d'un instrument porte les marques de l'empressement inconsidéré de l'antiquaire.

Ce fut dans un de ces moments d'avide attente qu'apparut, à l'angle sud-est, un coffret en fer dont le couvercle, légèrement arrondi, était très-oxydé et s'en allait en morceaux sous la moindre pression. Ce meuble avait 0ᵐ25 de longueur, 0ᵐ15 de largeur et 0ᵐ10 de hauteur. Il renfermait, mêlés à un peu de terre amenée par l'infiltration des eaux:

1° Une boîte à couleurs en bronze;.

2° Un godet ou petit mortier de même métal;

3° Un étui contenant deux petites cuillers aussi en bronze;

4° Deux instruments en cristal de roche;

5° Deux manches de pinceaux en os;

6° Une palette en basalte.

BOITE A COULEURS [1]. — Cette boîte est rectangulaire et munie d'un couvercle à coulisse. L'intérieur est divisé en quatre compartiments recouverts par autant de grillages mobiles en argent, que de petites bélières servent à relever. Chaque compartiment est rempli de pains de couleurs semblables à ceux qui sont dessinés au bas de la Planche V. Leur aspect indique qu'ils n'ont jamais eu de formes régulières, et que le fabricant s'est contenté de verser, par petites quantités, la matière réduite en pâte liquide sur une surface plane, et de la laisser sécher.

M. Chevreul a consigné dans son mémoire [2] le résultat de l'analyse qu'il a faite d'un fragment du bronze dont la boîte est composée.

« Parmi les objets remarquables du tombeau de Saint-Médard-des-Prés,

[1] V. Pl. IV.
[2] P. 192.

dit-il, il y avait un mortier et une boîte à couleurs qui étaient, à en juger d'après l'aspect de la matière verdâtre de leur surface, de cuivre ou d'un alliage de ce métal. Les fragments de ces objets décapés apparurent avec la couleur et l'éclat du bronze, et une portion de paroi de la boîte attira mon attention par sa minceur moindre d'un millimètre, et par sa flexibilité et sa ténacité ; car il fallut la ployer en sens contraire un grand nombre de fois pour la rompre.

» L'analyse chimique démontra que l'alliage est du véritable bronze ; car il laissa un résidu blanc insoluble dans l'acide azotique, qui était doué de toutes les propriétés du peroxyde d'étain. En effet, il fut réduit par le charbon en métal blanc ductile, et ce métal, dissous dans l'acide chlorhydrique, donna, avec le chlorure d'or, du pourpre de Cassius. La solution azotique de l'alliage était bleue ; elle ne donna qu'une trace de précipité de plomb par l'acide sulfurique et l'ammoniaque ; enfin, par un excès d'ammoniaque, on ne sépara que quelques flocons de peroxyde de fer, et je constatai l'absence du zinc dans la solution ammoniacale cuivreuse bleue par deux procédés différents [1].

» Puisque l'alliage de la boîte est du bronze, il faut reconnaître l'habileté des ouvriers anciens pour réduire cet alliage en feuilles aussi minces que celles qui avaient servi à la confection de la boîte à couleurs. Connaissaient-ils la propriété qu'a le bronze d'acquérir de la mollesse, de la ductilité par la *trempe*, c'est-à-dire par l'opération à laquelle l'acier doit sa dureté ? Quoi qu'il en soit, des fragments de vases en bronze, trouvés dans les ruines de Ninive, qui m'ont été remis par M. Botta, témoignent que les ouvriers des temps reculés où cette ville était une

---

[1] L'oxyde de cuivre, précipité de l'acide azotique par la potasse en excès, n'a pas cédé d'oxyde de zinc à cet alcali.

Une dissolution du cuivre de ce bronze dans l'acide sulfurique, passée à l'acide sulfhydrique, n'a point donné de sulfate de zinc, après avoir été évaporée.

grande cité, exécutaient des ouvrages dans lesquels la difficulté dont je parle avait été surmontée. »

Les anciens connaissaient à coup sûr la *trempe*, et les Gaulois étaient spécialement fort habiles à travailler le bronze. Je citerai à cette occasion le rapport que je lus, en 1843, à la Société des Antiquaires de l'Ouest, sur une découverte considérable d'armes gauloises faite à Notre-Dame-d'Or, département de la Vienne [1], dans lequel je présentai quelques observations relatives à l'emploi et à la composition de ce métal. Les épées, les javelots, les haches, etc., qui faisaient partie de l'enfouissement, avaient été travaillés avec un soin tout particulier, et quelques petits ustensiles mêlés à la masse montraient quelle habileté nos ancêtres apportaient à la confection des objets les plus délicats, antérieurement même à la conquête de César [2].

L'analyse des bronzes de Notre-Dame-d'Or a donné pour cent : cuivre, 82,57 ; étain, 17,42 ; argent, 0,01 ; traces de fer.

Je ne dois pas non plus oublier de mentionner un anneau de cuivre revêtu d'une épaisse feuille d'or, qui a été retiré de l'*atrium* de la villa. Il peut rivaliser avec ce que les anciens nous ont laissé de plus parfait en ce genre, et l'application de la dorure est si irréprochable qu'on ne remarque aucune trace de suture. Une imitation barbare des *statères* de Philippe, *au type Poitevin*, trouvée à Saint-Thomas, que j'ai eu longtemps dans ma collection, offrait des caractères tout-à-fait identiques : l'intérieur était de cuivre rouge pur, tandis que la couche supérieure touchait or fin. Comme fabrique, elle n'avait rien à envier aux médailles romaines fourrées [3].

---

[1] *Mém. de la Soc. des Ant. de l'Ouest*, 1844, p. 465. — La découverte de Notre-Dame-d'Or a été cédée par moi au musée de la ville de Poitiers.

[2] Il y a plus de vingt ans, on trouva à Maillé, commune de l'île de Maillezais, un enfouissement considérable composé de haches gauloises en bronze.

[3] Les imitations des statères de Philippe, que l'on rencontre souvent en Vendée,

Ce dernier exemple prouve que l'art de travailler les métaux était très-perfectionné chez les Pictons.

Maintenant que j'ai décrit la boîte, je vais faire connaître la composition des couleurs qu'elle renfermait.

EXAMEN DE MATIÈRES D'ORIGINE INORGANIQUE [1].

—

MATIÈRES ESSENTIELLEMENT FORMÉES DE TROIS OXYDES MÉTALLIQUES.

« Elles avaient subi originairement une division mécanique et une suspension dans l'eau [2] ; car elles présentaient, dans le plus grand nombre d'échantillons, des couches distinctes qui différaient même quelquefois par la couleur.

» Des échantillons des mêmes matières paraissaient avoir été mis à l'état pâteux dans des cavités où ils s'étaient séchés. Comme elles, ils présentaient des couches superposées dont la couleur pouvait varier.

---

sont en général d'une fabrique assez grossière. En 1842, j'en achetai cependant plusieurs, trouvées aux environs de Nieuil-sur-l'Autise, qui étaient d'or très pur, et dont l'obvers offrait une tête d'Apollon d'un grand caractère. Le revers était loin d'avoir cette élévation de style, et les chevaux avaient les formes grêles qui dénotent les ouvrages gaulois. Les lettres grecques de la légende étaient servilement reproduites. Au-dessous du bige on voyait un captif renversé et non ailé.

Ces monnaies appartenaient à la première période des imitations macédoniennes.

Je ferai remarquer, en passant, que les monnaies gauloises d'or et d'électrum sont très communes en Vendée, tandis que celles d'argent et de cuivre sont rares. Il en est de même des autres objets remontant à cette époque. J'ai eu occasion de voir plusieurs hausse-cols, colliers d'or, mais pas un seul d'argent. .

[1] *Mém. de l'Académie des sciences*, T. XXII, p. 183.

[2] Le fond de la fosse était au-dessous du niveau des eaux de la Vendée, chaque fois qu'elles montaient à une certaine hauteur; de sorte que, pendant le tiers de l'année, les objets qui s'y trouvaient étaient submergés.

» Ces matières n'étaient donc pas d'une matière homogène, et en les étendant sur du papier on reconnaissait qu'aucune ne le colorait d'une teinte franche. Les couleurs participaient du vert, de l'orangé et du gris : c'étaient en définitive des teintes verdâtres rabattues par du roux, et des teintes orangées rabattues par du gris.

» MATIÈRE N° 1. — Elle était essentiellement formée de sous-carbonate de cuivre, de sous-carbonate de plomb et de peroxyde de fer; elle contenait une trace d'une matière organique et de chaux, et, à l'état de mélange, un peu de sable ferrugineux [1]. En la chauffant au chalumeau dans la flamme désoxydante, le plomb était réduit et le peroxyde de fer se transformait en oxyde attirable à l'aimant. Quant au sous-carbonate de cuivre, une partie devenait noire, et une autre présentait des points verts.

» La matière n° 1 laissait sur le papier une trace d'un jaune-vert grisâtre.

» MATIÈRE N° 2. — Tout-à-fait anologue à la précédente, elle présentait à l'analyse, outre les sous-carbonates de cuivre et de plomb et le per-oxyde de fer, des traces de matière organique, d'oxyde d'étain et d'arsenic, j'ignore dans quel état.

» Il y avait en outre un sable formé de silice, d'alumine et d'oxyde de fer.

» MATIÈRE N° 3. — Même composition que la matière précédente; seulement une proportion plus forte de peroxyde de fer : aussi colorait-elle le papier en brun rougeâtre.

» MATIÈRE N° 4. — Tout-à-fait semblable à la matière n° 3.

---

[1] Ce sable, dont M. Chevreul ignorait la provenance, avait été mêlé aux couleurs par les eaux qui l'avaient apporté, en s'introduisant dans la boîte. Il compose le sol sur lequel a été bâtie la villa de Saint-Médard. Par conséquent il ne faut pas en tenir compte dans l'analyse des matières.

MATIÈRE FORMÉE D'OXYDES MÉTALLIQUES ET DE PHOSPHATE DE FER.

» Elle était d'un gris verdâtre pâle, avec des taches brunes super-
ficielles. Quoiqu'elle contînt, comme les précédentes, des oxydes de
plomb et de cuivre, probablement sous-carbonatés, avec une quantité
notable de peroxyde de fer, matière principale des taches brunes super-
ficielles, il y avait en outre une trace de matière organique et une quantité notable de phosphate d'alumine. Enfin il y avait à l'état de mélange
du sous-carbonate de chaux et un peu de sable alumino-ferrugineux. »

GODET OU PETIT MORTIER. — Le dessin de grandeur naturelle que j'en
donne sur la Planche IV tient lieu de description.

ETUI ET CUILLERS OU SPATULES. — L'étui [1] a les parois aussi minces que
celles de la boîte à couleurs, et est orné de petits cercles exécutés avec
beaucoup d'adresse. Il contient deux petites cuillers dont l'une [2] est
d'une forme charmante et d'un style irréprochable, tandis que l'autre [3],
d'un travail inférieur, n'est pas l'œuvre du même ouvrier.

Il est assez difficile de dire à quel usage servaient ces cuillers. La
femme qui dédie un tableau à Bacchus [4], peinture souvent reproduite et
connue de tous les antiquaires, en tient, il est vrai, une de la main droite,

[1] V. Pl. V.
[2] V. Pl. IV.
[3] V. Pl. V.
[4] *Pitture di Ercol*, V, 1.

et semble l'employer à extraire les couleurs de la boîte, afin de les
étendre sur la palette ; mais son geste n'est pas assez franchement accentué
pour que l'on puisse avancer rien de positif. L'extrémité du manche,
qui est arrondie, devait servir à mélanger, dans le godet en bronze,
les substances colorantes avec le liquide destiné à les humecter.

INSTRUMENTS EN CRISTAL DE ROCHE. — L'instrument dont je donne ici
le dessin réduit [1] est en cristal de roche d'une grande pureté, patiem-
ment travaillé par le frottement, comme les pierres précieuses. Il était
rempli de poudre d'or, mêlée à une substance gommeuse, et remplaçait
les coquilles de moule employées actuellement par ceux qui peignent
à l'aquarelle ou à la gouache. Le coffret en fer renfermait deux instruments pareils ; l'un d'eux était brisé.

MANCHES DE PINCEAUX EN OS. — Ces manches, ayant la forme d'une
baguette de 0m12 de longueur, furent mis en pièces immédiatement
après avoir été découverts ; j'ai néanmoins pu constater que leur extrémité portait encore de traces du fil de cuivre servant à attacher les barbes
du pinceau.

PALETTE EN BASALTE. — Cette palette est formée d'une plaque de
basalte de 0m14 de longueur, 0m09 de largeur et 0m01 d'épaisseur.

Elle a les plus grands rapports avec celle que tient de la main gauche
la femme dédiant un tableau à Bacchus [2], dont je viens de parler. Une
curieuse miniature, extraite d'un manuscrit de la fin du ve siècle,

[1] V. Pl. IV, grandeur naturelle.
[2] *Pitture di Ercol*, V, I.

conservé à la bibliothèque de Vienne, où l'on voit Dioscoride écrivant ses ouvrages pendant qu'un peintre copie la racine de la mandragore, fournit un second exemple de palette du même genre [1].

L'examen de ces deux peintures démontre que M. Letronne s'était trompé lorsqu'il avait cru reconnaître, dans la tablette que tient la femme artiste du premier tableau, une petite plaque de bois ou d'ivoire, sur laquelle elle copie la figure de Bacchus [2].

Je ne pense pas non plus que l'on doive prendre pour une palette le meuble placé à côté du peintre de portraits de la grotesque représentation d'un atelier, publiée par Mazois [3], d'après une peinture trouvée à Pompeï. J'y verrais plutôt une boîte à couleurs et admettrais que la palette doit se trouver dans la main gauche de l'artiste, que l'auteur de la caricature a jugé à propos de supprimer.

Le Musée national de l'hôtel de Cluny possède une palette semblable à la mienne, mais portant une incription [4]. M. Dusommerard fils, que j'ai consulté sur sa provenance, n'a pu me fournir aucun renseignement, et m'a dit l'avoir rencontrée au milieu d'objets d'origine galloromaine.

§ XIII.

Indépendamment des couleurs renfermées dans la boîte, plusieurs vases contenaient des substances de diverses natures qui ont été analysées [5].

---

[1] *De la peinture encaustique des anciens*, par E. Cartier fils. *Rev. arch.*, 1846, p. 447.
[2] *Lettres d'un Antiquaire à un Artiste*, p. 411.
[3] *Ruines de Pompeï*, II, p. 68.
[4] V. Pl. V.
[5] *Mém. de l'Académie des sciences*, T. XXII, p. 185.

MATIÈRE N° 6, FORMÉE ESSENTIELLEMENT DE QUATRE OXYDES MÉTALLIQUES.

« Cette matière, m'a-t-on dit, avait été retirée d'une fiole [1] ; nul doute qu'elle n'y eût été introduite à l'état pâteux, et qu'elle ne s'y fût séchée en une matière fort compacte dans certaines parties. On apercevait dans l'intérieur, mis à découvert par la cassure, des stries vertes et de petites taches blanches sur un fond brun.

» L'eau bouillante en séparait une très petite quantité de matière organique tenant un sel calcaire autre que le sulfate.

» Chauffée dans un tube de verre, elle décrépitait en dégageant de la vapeur d'eau qui se condensait en gouttes plutôt alcalines qu'acides.

» L'acide azotique la dissolvait avec effervescence produite par de l'acide carbonique pur. Il ne restait qu'un faible résidu retenant une matière organique, un sable formé de silice, d'alumine, de peroxyde de fer, avec une trace d'oxyde de manganèse et d'acide phosphorique. Mais le résultat remarquable de cette analyse, c'est que la solution azotique renfermait de l'oxyde de plomb, de l'oxyde de cuivre, de l'oxyde de fer, et une quantité considérable d'oxyde de zinc que l'on obtint parfaitement pur.

» Il est probable que les oxydes de plomb et de cuivre étaient sous-carbonatés.

EXAMEN D'UNE MATIÈRE N° 7.

» La matière que j'examine sous le n° 7 est une des plus intéressantes de celles qu'on a trouvées dans le tombeau ; car, comme nous l'avons

[1] La fiole était brisée, mais ses morceaux étaient encore adhérents à la matière, qui avait conservé la forme arrondie du fond.

vu, elle a été employée à faire le fond d'un fragment de peinture dont on a parlé plus haut [1].

» Elle avait été trouvée, dans un pot de terre noire [2], en morceaux d'un vert grisâtre avec des taches rougeâtres. Une portion était assez compacte, tandis que l'autre cédait à la moindre pression des doigts, et en examinant le tout avec attention, à l'œil nu et à la loupe, on distinguait une matière verdâtre d'avec une matière sableuse composée de grains de diverses couleurs.

» J'employai tous les moyens possibles pour séparer les corps mélangés que l'examen précédent m'avait fait apercevoir. Je parvins à des résultats aussi satisfaisants qu'il était permis de l'espérer.

» Après avoir séparé à la main les parties de la matière n° 7 qui me paraissaient différentes, et après les avoir pressées entre les doigts pour diviser autant que possible les parties friables, j'ai traité séparément chacune de ces parties par la lévigation dans l'eau pure ou par la lévigation dans l'eau fortement acidulée d'acide chlorhydrique. Dans ce dernier cas il y avait macération préalable dans l'acide, afin d'enlever tout ce qui était susceptible de se dissoudre.

» J'ai soumis quelques parties de la matière n° 7 séparées mécaniquement à la main comparativement à ces deux traitements. Je divisais préalablement par moitié un même échantillon, et une moitié était soumise au lavage de l'eau pure, et l'autre moitié subissait une macération dans l'acide chlorhydrique, puis un lavage par décantation avec l'eau. Ce traitement était répété tant que l'acide chlorhydrique enlevait quelque chose à la matière.

» Ce procédé m'a donné :

» 1° Des matières solubles dans l'eau pure ;

[1] V. l'analyse des fragments de peintures murales, p. 21.
[2] V. Pl. II. — Sur le pot on a gravé à la pointe les lettres **IAS.**

— 48 —

» 2º Une matière verte dont la couleur n'était pas également intense
ni également pure dans tous les échantillons ;

» 3º Une matière bleue, des grains ou des lamelles jaunes, un sable
quartzeux blanc.

1º *Matière soluble dans l'eau pure.*

» Les matières n'étaient qu'en extrême petite quantité dans l'eau distillée qui avait servi à la lévigation de la matière nº 7. Elles consistaient :

» En sulfate de chaux ,

» En chlorure de sodium ,

» En matière organique dont la cendre laissa de la chaux et du peroxyde de fer.

2º *Matière verte.*

» La matière verte a été obtenue par la séparation mécanique en deux états.

» *Premier état.* Après avoir été lavée à l'eau, elle était verte.

» L'acide chlorhydrique en séparait du peroxyde de fer, du deutoxyde
de cuivre, et un peu d'oxyde de plomb, mais en très petite quantité.
Le résidu avait une couleur verte moins grise ou plus pure que la
matière non traitée par l'acide. Je reconnus que la potasse en forte
solution dans l'eau n'altérait pas cette couleur. En chauffant la matière
dans un tube de verre, la couleur passait à la couleur de rouille ; de
l'eau se dégageait ; ce changement est la conséquence de l'oxydation du
protoxyde de fer.

» L'analyse de cette matière calcinée par la potasse fondue m'apprit
qu'elle ne contenait pas d'acide phosphorique, qu'elle était formée de
silice, d'alumine, de peroxyde de fer, de magnésie, d'une trace de
peroxyde de manganèse.

» Une seconde analyse, faite avec l'azotate de baryte dans le creuset
d'argent, me fit découvrir une quantité notable de potasse et de soude.

» Après ces essais, il ne me fut plus possible de douter que la matière verte était de la *terre de Vérone*. Voici le résultat d'une analyse que je suis loin de considérer comme normale, parce que certainement le produit que j'analysai n'était pas pur; il y avait des parties sableuses et une trace de bleu égyptien :

Eau.	8,34
Silice.	56,40
Protoxyde de fer.	19,80
Alumine.	3,50
Potasse.	6,08
Soude.	2,43
Chaux.	0,40
Magnésie.	0,50
Deutoxyde de cuivre.	0,40
	98,15
Perte. . .	1,85
	100,00

» Je n'ai pas fait l'analyse de la terre de Vérone pure; mais, dans un échantillon que j'ai eu à ma disposition, j'ai reconnu dans l'acide chlorhydrique qui avait macéré avec la poudre de cet échantillon une trace de cuivre. L'acide ne paraissait pas d'ailleurs avoir attaqué le minéral à froid. On ne peut douter de la nature de la matière verte comme terre de Vérone, car M. Delesse, qui a publié une analyse de ce minéral, aussi pur que possible, l'a trouvé formé de

Eau.	6,67
Silice.	51,25
Protoxyde de fer.	20,72
Alumine	7,25
Protoxyde de manganèse.	trace.
Potasse.	6,21
Soude.	1,92
Manganèse.	5,90
	100,00

7

» *Deuxième état.* La matière verte qui était dans le second état se trouvait mélangée à différents corps, tels que de la craie, un sable siliceux blanc très fin, une matière bleue, une matière grise alumino-ferrugineuse, des oxydes de fer, de cuivre et de plomb, avec une trace de peroxyde de manganèse.

» La craie n'était pas également répartie, car j'ai eu des échantillons qui faisaient une vive effervescence, tandis que d'autres n'en produisaient pas.

» Lorsqu'on épuisait cette matière de tout ce qu'elle contenait de soluble dans l'acide chlorhydrique, qui dissolvait, outre la chaux quand il y en avait, du peroxyde de fer, des oxydes de cuivre et de plomb, on obtenait un résidu dans lequel on reconnaissait à la loupe, et même à l'œil nu, une matière bleue dont je vais parler, de la terre de Vérone et un sable fin quartzeux.

3° *Matière sableuse.*

» Avec beaucoup de soin, mais toujours par des procédés mécaniques, je suis parvenu à isoler de cette matière les grains jaunes (13.3°).

» Quoique je n'en aie eu qu'une quantité qui n'excédait pas 0^{gr}005, j'ai parfaitement constaté qu'ils étaient formés de soufre et d'arsenic; ils consistaient donc en orpiment. Je l'ai sublimé, il est devenu rouge; je l'ai dissous dans l'acide azotique, et la solution introduite dans l'appareil de Marsh m'a donné l'arsenic métallique.

» Après avoir isolé des grains de quartz de la matière séparée du sulfure d'arsenic, il est resté une matière quartzeuse blanche mêlée de petites *particules bleues.*

» Ces parties bleues résistaient à l'acide chlorhydrique et à l'acide azotique; les ayant traitées par la potasse, j'ai constaté l'absence de l'acide phosphorique dans l'alcali, et la présence du cuivre et de la silice;

en ayant traité une très petite quantité par l'azotate de baryte, j'en ai
retiré de la soude.

» Ce résultat me fait penser que la matière bleue est identique avec
le *bleu égyptien* [1]. »

EXAMEN DE MATIÈRES D'ORIGINE ORGANIQUE [2].

MATIÈRE RÉSINEUSE.

« Cette matière, en gros morceaux, se présentait sous deux états très
différents : une partie extérieure friable, opaque, jaune de bois; une
partie intérieure légèrement brune, translucide, odorante, ayant toutes
les propriétés d'une résine. Entre ces deux parties il n'y avait pas d'intermédiaire; et, comme il n'est pas douteux que la partie extérieure est
provenue d'une altération de la partie centrale, la cause de l'altération
a dû agir, dans un temps déterminé, sur une fraction seulement de la
matière.

» L'alcool bouillant n'a pas dissous complétement la partie centrale.

» *Matière dissoute par l'alcool bouillant.* — Cette solution contenait au
moins deux principes immédiats résineux; le plus soluble était décidé-
ment acide, le moins soluble ne l'était que légèrement; enfin l'alcool
avait dissous un principe odorant semblable, s'il n'était pas identique, à
celui de la résine de *pin maritime.*

---

[1] Le *bleu égyptien, fritte d'Alexandrie,* a été signalé par Chaptal et Davy, et
retrouvé dans plusieurs villas gallo-romaines de Normandie par M. J. Girardin,
de Rouen, qui en a fait l'analyse.

[2] *Mémoire de l'Académie des sciences,* T. XXII, p. 193.

» *Matière indissoute par l'alcool bouillant.* — Elle retenait encore des principes résineux, et un principe azoté qui manifestait son existence par de l'ammoniaque lorsqu'on distillait la matière avec de la potasse.

» La matière distillée sans potasse donnait un produit légèrement acide au papier de tournesol, doué de l'odeur de la houille pyriteuse; ce produit était très sulfuré. Enfin le résidu de la distillation laissait une quantité notable de cendres tenant du peroxyde de fer de la chaux.

» La partie centrale avait toutes les propriétés essentielles de la résine du *pin maritime* ou du *pin sylvestre*. M. Guibourt, auteur d'excellents écrits sur la matière médicale, a jugé comme moi qu'elle avait cette origine : il pense qu'elle avait été extraite par le feu, comme on le pratique encore aujourd'hui pour préparer la poix noire. Il ne me paraît pas impossible qu'elle ait été obtenue en effet par ce procédé; cependant elle n'est point aussi altérée que l'est la poix noire du commerce. Je pense donc que, si le feu a concouru à sa préparation, il n'a pas produit autant d'altération qu'on en remarque dans la résine connue actuellement sous la dénomination de poix noire. Au reste, il est remarquable que la matière dont je viens de parler ait conservé depuis tant de siècles l'odeur qui lui est propre. Quant au soufre que cette matière contenait, je n'en vois pas l'origine.

MATIÈRE CONTENUE DANS UNE GRANDE FIOLE.

» Cette matière avait subi une altération évidente, car elle répandait une odeur de moisi, et l'aspect n'en était pas homogène; des parties blanches comme effleuries, et des parties noires apparaissaient sur un fond d'un jaune pâle ayant l'aspect de la cire.

» Elle se fondait et se figeait comme elle à 64°.

» Elle rougissait le papier de tournesol légèrement.

» L'alcool bouillant l'a dissoute, à l'exception d'un léger résidu noir qui laissa un peu de cendre formée de chaux et d'une trace de peroxyde de fer et de potasse.

» La solution alcoolique déposa, par le refroidissement, de véritable cire fusible à 64°. Elle retenait une trace de matière noire.

» La solution alcoolique, refroidie et séparée par la filtration de la cire, retenait deux acides gras inégalement fusibles ; le moins fusible cristallisa par l'évaporation spontanée d'une portion d'alcool ; l'eau mère mêlée à l'eau donna une matière légèrement colorée, fusible de 41 à 42°, retenant sans doute de l'acide le moins fusible.

» Ces acides, qui n'étaient qu'en petite quantité relativement à la cire, rougissaient le tournesol après avoir été dissous dans l'alcool, et l'eau, ajoutée à la liqueur rouge, la faisait repasser au bleu. Ils m'ont paru différer d'un mélange d'acides margarique et oléique.

» Le liquide d'où ils avaient été séparés était légèrement acide. Le résidu de son évaporation ne donna qu'une trace de cendre formée de chaux et de peroxyde de fer.

» La matière dont je viens de parler était donc de véritable *cire* d'abeille, dont une très faible quantité avait été altérée.

PRÉPARATION D'UNE MATIÈRE CONTENUE DANS UNE PETITE FIOLE A FOND PLAT.

» Cette matière a été mise dans l'eau chaude et agitée, afin d'enlever ce qu'elle pouvait contenir de corps solubles. Elle s'est fondue, a pris une couleur brune, en exhalant une odeur de résine ou de poix. L'eau était couverte, après le refroidissement, d'une pellicule blanche ; la plus grande partie de la matière n'avait pas été dissoute ; aussi l'eau filtrée et évaporée n'a laissé qu'un rendu léger, jaunâtre, acide au papier de tournesol, tenant un sel calcaire. Mais ce n'était ni un sulfate, ni un azotate, ni un chlorure.

» La matière insoluble séchée a cédé à l'alcool bouillant de la cire, qui s'en est séparée par le refroidissement. Cette cire, fusible à 64°, n'était pas acide.

» Quant à l'alcool filtré après le dépôt de la cire, il tenait en solution de véritable résine de pin, c'est-à-dire la même matière que celle qui a été examinée précédemment.

» Enfin ce que l'alcool bouillant n'avait pas dissous avait les propriétés du résidu insoluble dans ce liquide dont il a été question tout à l'heure au sujet de la poix.

» Il n'est pas douteux que la matière dont je viens de parler ne fût un mélange de *cire* et de *résine*, destiné à l'usage de la peinture.

MATIÈRE NOIRE RENFERMÉE DANS UNE FIOLE A FOND TRÈS PLAT.

« Cette matière, qui, comme on va le voir, était un mélange extrêmement complexe, m'a présenté un résultat bien curieux, puisqu'elle renfermait à l'état libre les acides oléique et margarique, dont la découverte ne remonte pas au-delà de l'année 1811, et que le tombeau, où la matière dont je vais faire connaître la nature a été trouvée, date, suivant M. Fillon, du III° siècle de l'ère chrétienne.

» Elle avait une couleur noirâtre et l'apparence d'un liquide épaissi par une matière solide qui y avait été intimement unie. A la température de 20°, elle était molle; elle rougissait fortement le papier de tournesol humide, et exhalait une odeur aromatique qui n'avait rien de rance; l'ayant tenue dans l'eau bouillante, je n'ai pu recueillir assez du principe volatil pour l'examiner. L'eau n'avait rien enlevé à la matière; elle se comportait donc à l'instar d'un corps gras.

» Elle a été successivement traitée par l'alcool froid et l'alcool bouillant.

» L'*alcool froid* a dissous un acide gras parfaitement liquide à 20°, qui était doué de toutes les propriétés de l'*acide oléique*, retenant de l'*acide margarique*. Le terme de fusion des deux acides resta constant après leur solution dans la potasse et qu'ils en eurent été isolés ; ce qui prouve qu'ils n'étaient pas mêlés de corps gras non saponifiés.

» L'*alcool bouillant* a laissé déposer par le refroidissement une matière neutre , fusible à 64°, douée de toutes les propriétés de la cire d'abeille ; l'alcool filtré après le refroidissement retenait une matière acide fusible à 28°, formée d'acides oléique et margarique.

» Enfin la matière indissoute par l'alcool bouillant était du *noir de fumée*, qui ne laissa, par l'incinération, qu'une trace de chaux provenant probablement d'un savon calcaire.

» La présence des acides oléique et margarique, de la cire et du noir de fumée dans la matière analysée, n'est donc pas douteuse d'après les expériences que je viens de rapporter. Quelle est l'origine des deux acides ? Proviennent-ils de l'altération spontanée d'une huile neutre qu'on aurait mêlée à la cire et au noir de fumée, de sorte que, sous l'influence des agents atmosphériques ou de tout autre, l'huile neutre eût été acidifiée ? ou bien viennent-ils de la décomposition d'un savon d'huile d'olive, de pavot ou de tout autre, par du vinaigre, du jus de citron ou par tout autre acide ? C'est ce que je ne puis décider d'une manière absolue : cependant la seconde origine me paraît plus probable que la première, par la raison suivante. On n'a trouvé aucun corps soluble dans l'eau, ni aucun corps odorant analogue à celui des corps gras saponifiables qui deviennent acides en se rancissant ; et certes, si on avait examiné la matière sans en reconnaître l'ancienneté, on aurait conclu sans hésitation qu'elle avait été préparée directement avec un acide oléique retenant un peu d'acide margarique.

» Quel emploi faisait-on de ce mélange ? Il est impossible, dans l'état actuel de ce que nous savons de l'antiquité, de le dire. Cependant, s'il a réellement été employé en peinture sur des enduits calcaires, on devrait retrouver de l'oléate et du margarate de chaux. »

L'existence des divers corps gras indique que notre artiste n'employait pas toujours, dans ses peintures, les mêmes procédés que pour la confection des ornements qui décoraient sa villa. Deux fragments trouvés parmi les débris avaient un aspect plus brillant que les autres, et présentaient cela de particulier que, si l'on grattait légèrement les couleurs avec une lame de canif, afin d'enlever la première couche, elles devenaient friables, se réduisaient en poussière et se détachaient à l'eau, résultat qu'il est impossible d'obtenir en conservant la couche supérieure : quinze cents ans de séjour sous une terre humide ne leur ayant fait subir aucune altération. Elles devaient, à n'en pas douter, cette propriété à l'enduit dont elle était revêtue, et je crois pouvoir affirmer que ces peintures étaient exécutées à la *détrempe vernie*.

§ XIV.

Le lecteur vient d'être à même de voir tout le parti que M. Chevreul a tiré des objets soumis à son appréciation éclairée. Il est à regretter qu'il n'ait pas pu analyser le contenu d'une grande bouteille à long col [1], restée entre les mains de M. Savary de L'Epineray. Ayant craint qu'on ne fût obligé de la briser pour en extraire la matière bleue qu'elle renferme, je me suis abstenu de l'envoyer à Paris, quoiqu'il fût certain que l'histoire de la chimie perdrait une occasion unique d'enrichir son domaine de nouvelles observations. Si un crime contre la science a été commis, c'est sur moi seul que doit retomber la juste indignation des archéologues, car le possesseur du vase l'avait mis, avec sa complaisance ordinaire, à ma disposition. D'ailleurs le mal n'est pas sans remède, et j'aurai probablement plus tard un nouveau chapitre à ajouter à ce mémoire, lorsque les fouilles auront été complétement exécutées.

[1] V. Pl. II. — V. p. 33.

§ XV.

Le centre de la fosse était couvert des débris de trois grands coffres dont il ne subsistait plus que les ferrements attachés aux restes d'épaisses planches de chêne réduites en poussière. Des crochets, placés aux parties latérales, contribuaient à maintenir les couvercles.

Les plaques extérieures des serrures [1] étaient en bronze et de forme ronde et carrée; les clefs et le mécanisme intérieur étaient au contraire en fer.

Au milieu de ces fragments, que le tassement des terres avait mis en pièces, je trouvai des couches horizontales et symétriques d'une matière brune, dans laquelle je reconnus de suite des étoffes pourries. Comme les trois coffres présentaient le même phénomène, j'en conclus qu'ils contenaient les vêtements de la jeune Gauloise.

Les vases en verre et les autres instruments de peinture venaient certainement des provinces du Midi; mais qui ne serait pas étonné de l'habileté avec laquelle les serrures, les doubles charnières, en un mot toutes les parties en métal du cercueil et des meubles, qui durent être fabriquées sur place, avaient été travaillées? N'est-ce pas une nouvelle preuve des progrès que cette industrie avait faits chez les Pictons, et qui vient à l'appui de l'opinion émise par moi, il y a quelques années, au sujet de l'ancienneté des scories de fer répandues en si grande quantité dans les champs de La Ferrière et de plusieurs autres points de la Vendée?

---

[1] V. l'*Antiquité expliquée* de Montfaucon, T. **III**, 2ᵉ partie, Pl. CLXXXIX, p. 338. — On y voit le monument funéraire d'un architecte sur lequel est représenté un coffre ayant une serrure du même genre.

§ XVI.

Je terminerai mon travail par la mention de deux découvertes plus récentes.

Le 22 septembre 1848, on rencontra, en faisant continuer les travaux de déblaiement, une seconde sépulture, entourée de maçonneries grossières, placée à six mètres de l'angle sud-ouest du premier tombeau. A dix-huit pouces de profondeur était une épaisse couche de cendres, de débris de poteries, de verres, d'ustensiles en métal à demi fondus, parmi lesquels était un denier de Posthume, et d'ossements d'homme et d'animaux mêlés à des grains d'orge et de froment calcinés. Le squelette d'un cheval remplissait le reste de la fosse.

Nous trouvons dans le VI⁶ livre des Commentaires de César l'explication de l'état de cette tombe. « Les funérailles des Gaulois sont, dit-il, relativement à leur civilisation, magnifiques et somptueuses. Ils jettent dans le feu tout ce qu'ils estiment que le défunt avait eu de cher pendant sa vie, *sans en excepter les animaux* [1]. »

Ce passage est catégorique.

Les fragments d'assiettes présentaient quelques différences avec ceux que nous avions retirés du tombeau de la femme artiste; car ils étaient de fabrique romaine, recouverts de vernis rouge ou noir, et décorés de figures et de feuillages. Quant aux morceaux de verre, ils appartenaient à des vases semblables à ceux que j'ai décrits tout à l'heure, à l'exception des débris de deux coupes, dont les uns étaient d'un beau bleu foncé et les autres formés de tronçons de baguettes d'émail rouge

---

[1] *Funera sunt pro cultu Gallorum magnifica et sumptuosa, omniaque quæ vivis cordi fuisse arbitrantur, in igném inferunt, etiam animalia.*

Chez les Germains, on enterrait le cheval de bataille du mort avec son maître. — V. Tacite.

et jaune, travaillées séparément et mêlées ensuite à une matière vitreuse de couleur verte [1].

§ XVII.

Quelques mois plus tard, des ouvriers ont encore mis au jour quatre petites salles attenantes au mur d'enceinte [2]. Sous l'aire de l'une d'elles étaient une hache et un compas en fer assez bien conservés.

§ XVIII.

Il me reste maintenant à fixer l'époque à laquelle on peut faire remonter la villa et le tombeau découverts à Saint-Médard.

J'ai dit, au commencement de ce mémoire, page 16, que les débris de revêtements de murs ornés de peintures avaient été trouvés sous le pavé d'une salle appartenant aux constructions les plus récentes ; ce qui prouve qu'ils faisaient partie de la décoration d'édifices antérieurs. Or on n'a pas trouvé, dans les ruines, de médailles postérieures à Constant (337-350), et l'on est autorisé à supposer que la destruction de la villa eut lieu à peu près vers le règne de ce prince [3]. Il faut donc faire remonter le tombeau de l'artiste à un temps plus reculé.

Le style des peintures, la forme des vases et des ustensiles me les font attribuer à la première moitié du IIIe siècle, période de transition, où

[1] Cette coupe devait avoir beaucoup d'analogie avec certains verres de Venise. — V. l'introduction de la *Description des objets d'art qui composent la collection de M. Debruge-Dumesnil*, par M. Jules Labarte, p. 329. — V. Pline, liv. XXXVI, LXVII.

[2] V. plus haut, p. 16.

[3] J'avais d'abord cru que les dernières constructions avaient pu être ruinées lors de l'invasion des barbares qui, en 406, inondèrent la Gaule depuis le Rhin jusqu'aux Pyrénées ; mais l'examen plus attentif de quelques fragments de sculptures que l'on découvre ne permet pas de repousser si loin cette catastrophe.

les arts furent cultivés avec succès dans les Gaules. La médaille de Posthume, qui était parmi les ossements de la seconde sépulture, me semble d'ailleurs un argument de quelque poids.

M. Letronne, consulté à ce sujet, fut entièrement de mon avis. Il m'écrivait, le 18 janvier 1848, : « La vue de vos dessins et la nomenclature des monnaies changent mes conjectures en certitude. Vous aviez fort bien indiqué l'âge du monument en fixant sa construction au IIIe siècle [1]. La boîte à couleurs, les petites spatules et les vases de verre ont tous les caractères de cette époque. »

§ XIX.

Il résulte de tout ce qui précède :

1° Que le Bas-Poitou possède un assez grand nombre de ruines gallo-romaines ;

2° Que l'intérieur de la villa de Saint-Médard était ornée de peintures du genre de celles d'Herculanum et de Pompeï ;

3° Que ces peintures étaient exécutées soit à la détrempe vernie, soit avec des couleurs mêlées à de la chaux humide ;

4° Que la femme artiste était d'origine gauloise et avait rapporté du Midi les instruments de son art ;

5° Qu'elle se servait de pinceaux et faisait usage, comme vernis, de résine, de cire et de matières grasses ;

6° Que les substances colorantes étaient du bleu égyptien, de la terre de Vérone, du vert-de-gris, du peroxyde de fer, et autres matières d'origine organique ou inorganique ;

7° Que les palettes étaient en basalte, porphyre ou toute autre pierre dure ;

---

[1] Les termes de la lettre de M. Letronne montrent qu'il n'avait pas, lorsqu'il l'écrivait, une idée exacte de l'ensemble du tombeau.

8° Que les anciens se servaient de poudre d'or mélangée avec une matière gommeuse ;

9° Qu'on avait coutume, au iii° siècle, de placer dans les tombeaux les objets d'affection, ou de les brûler avec le cadavre ;

10° Que les peuplades de l'ouest de la Gaule n'avaient que des données imparfaites sur les différentes branches de l'art du dessin, tandis qu'elles avaient poussé fort loin celui de travailler les métaux, surtout à partir de l'occupation romaine.

Cet ensemble de faits, rapprochés de ceux que l'on possédait déjà, permettra, j'ose l'espérer, de connaître un peu mieux la partie mécanique de la peinture chez les anciens, question qui n'est pas indifférente, car à elle se rattache l'une des faces les plus curieuses et des moins connues de l'histoire de l'esprit humain. Nos praticiens modernes y gagneront peu sans doute, mais on sent par cela même un attrait plus puissant à étudier ces monuments vénérables à tant de titres. Et qui ne se sentirait saisi d'admiration en voyant quels procédés insuffisants les émules de Phidias et de l'auteur de la Vénus de Milo avaient en main pour produire des chefs-d'œuvre que l'on peut recréer par la pensée en présence de ceux de la statuaire ? Le sentiment prodigieux de l'art dont ils étaient doués leur avait fait vaincre la matière.

§ XX.

Me voilà arrivé à la fin de ce long et curieux catalogue qui demanderait un rédacteur plus habile et comporterait une foule de détails que je ne puis pas donner aujourd'hui. Eloigné des musées, des grands dépôts de livres et de monuments antiques, les moyens de rendre ce mémoire plus intéressant m'ont manqué. En disant ceci, je ne fais qu'exprimer un regret et ne veux pas joindre ma voix à celle des ennemis de la centralisation, des partisans aveugles de cette réaction insensée contre Paris, qui prend sa source dans l'impuissance de la médiocrité et je ne sais quel vieux levain gothique d'idées grotesques et surannées. A l'heure qu'il est, reporter vers les provinces le mouvement intellectuel est dérisoire et impossible ; ce serait la révolte des membres contre la tête. Paris est fort, parce que tout ce que la France a d'intelligences d'élite va s'y fondre, comme dans un réservoir commun ; et cette suprématie morale est si vraie, si universellement acceptée du monde entier, qu'il soumet à sa sanction les produits du génie de tous les peuples. La gloire éternelle de la France sera d'avoir fait de sa capitale celle du monde civilisé, et, Dieu merci ! elle n'est pas disposée à la sacrifier à la haine inconséquente de quelques *provinciaux* aux abois de voir que l'humanité ne ralentit pas sa marche incessante vers de meilleures destinées.

Qu'on ne s'y trompe pas : les meneurs de la cabale font de la politique à propos de science, de littérature, d'industrie. C'est une nouvelle phase du combat impie que livre depuis des siècles le fédéralisme à l'unité ; la continuation de la lutte engagée entre la pensée féodale et l'œuvre sublime préparée par Louis XI et achevée par le Comité de salut public.

Quant à moi, je me plains d'être privé d'éléments de travail, voilà tout ; et convaincu que cette *décentralisation* tant vantée [1], cri de ralliement des éternels ennemis du progrès et de ceux qu'ils traînent à leur suite, ne saurait me les procurer et ne ferait que disperser, sans profit, les forces vitales de la nation, je me résigne de bon cœur à laisser un autre se charger de compléter mes notes.

[1] V. les lamentations des *Revues* politico-scientifiques de Normandie, de Bretagne, d'Aquitaine, de Provence, etc., etc., et les autres organes des amours-propres froissés, des coteries de petites villes, des académies atteintes en naissant de phthisie pulmonaire, et enfin les réclames fantastiques en faveur des *expositions régionales*, dans lesquelles on démontre que l'art *doit* se réfugier en province. Ah ! pourquoi le *décentralisateur* n'était-il pas inventé du temps de Molière !

Ma tâche s'est donc bornée à décrire avec une scrupuleuse exactitude les objets qu'une bonne fortune, unique dans la vie d'un antiquaire, livrait à mes investigations. La matière est, par conséquent, loin d'être épuisée, et j'espère qu'un jour la découverte de Saint-Médard trouvera un digne appréciateur qui lui donnera toute la célébrité qu'elle mérite.

Fontenay (Vendée), 14 juillet 1849.

FIN.

TABLE DES MATIÈRES.

§ X.

§ XI.

§ XII.

§ XIII.

§ XIV.

§ XV.

§ XVI.

§ XVII.

§ XVIII.

§§ XIX et XX.

FIN DE LA TABLE.

Tiré à 125 exemplaires par Robuchon, imprimeur à Fontenay (Vendée).

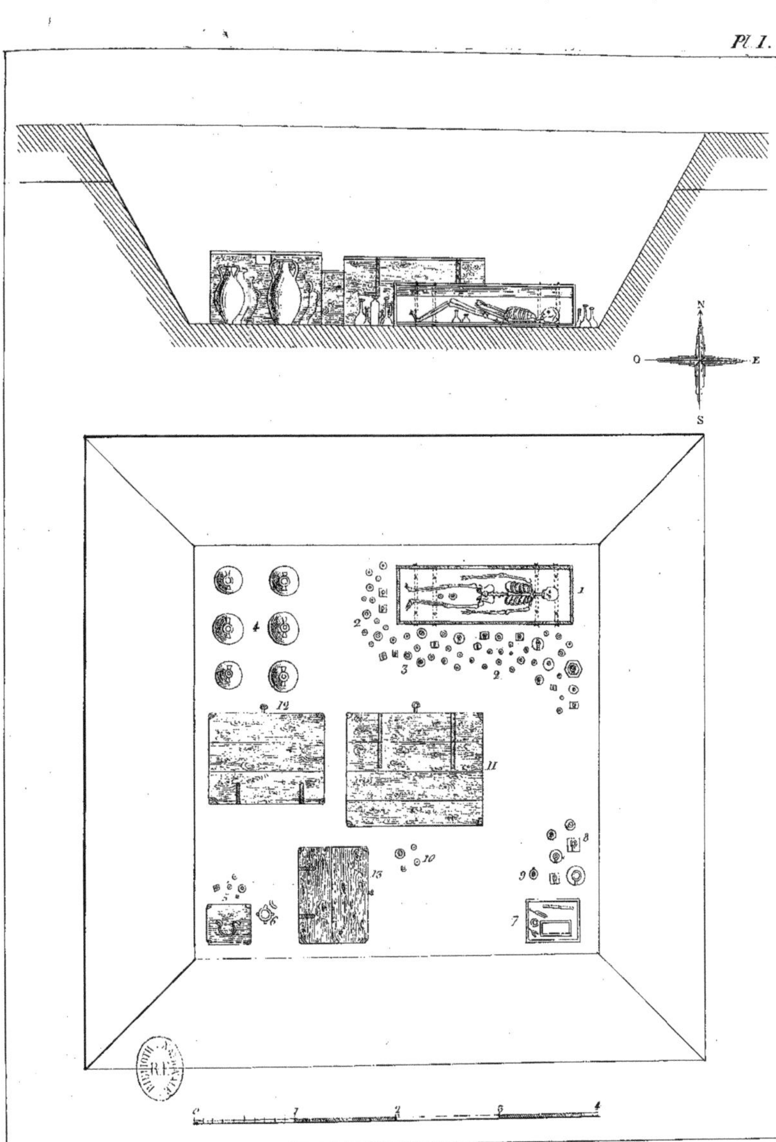
Pl. I.
N
O
E
S
F. Ritter.

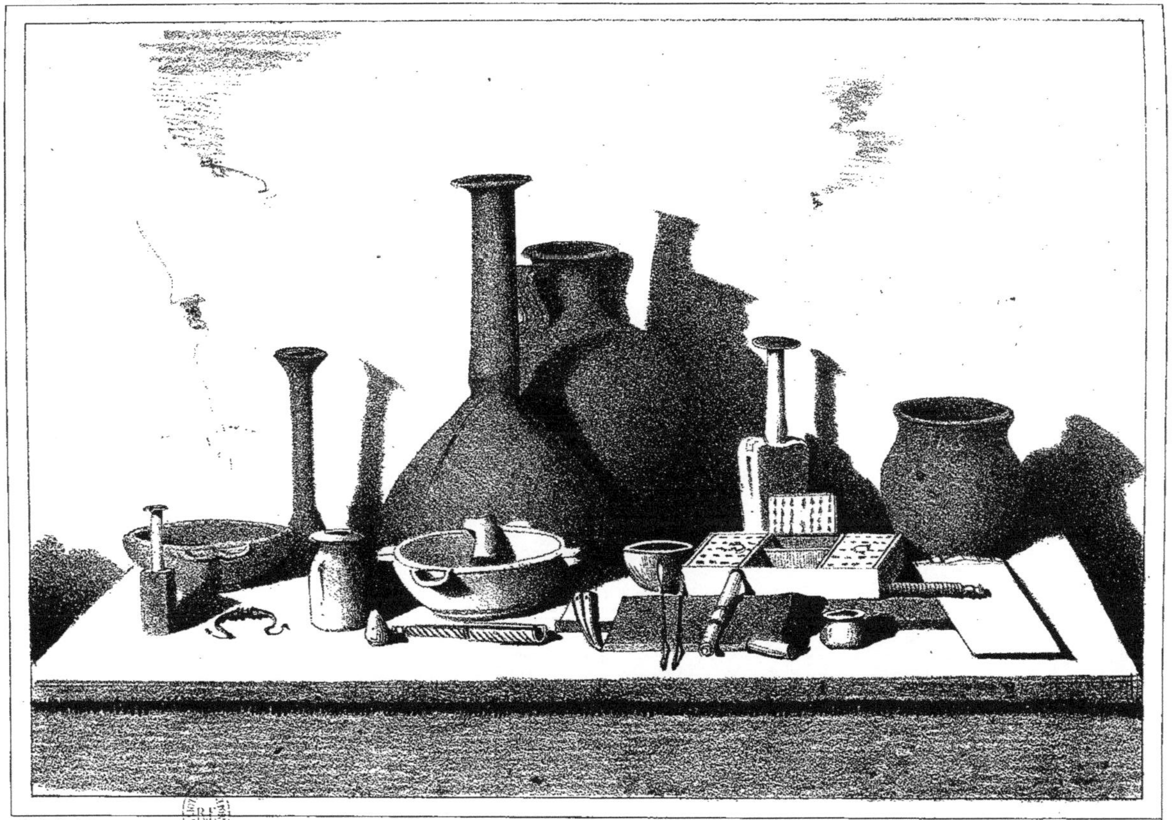

C. de Rochebrune.

Niort. Lith. Robin et Cie

O. de Rochebrune.

Niort. Lith. Robin et Cie

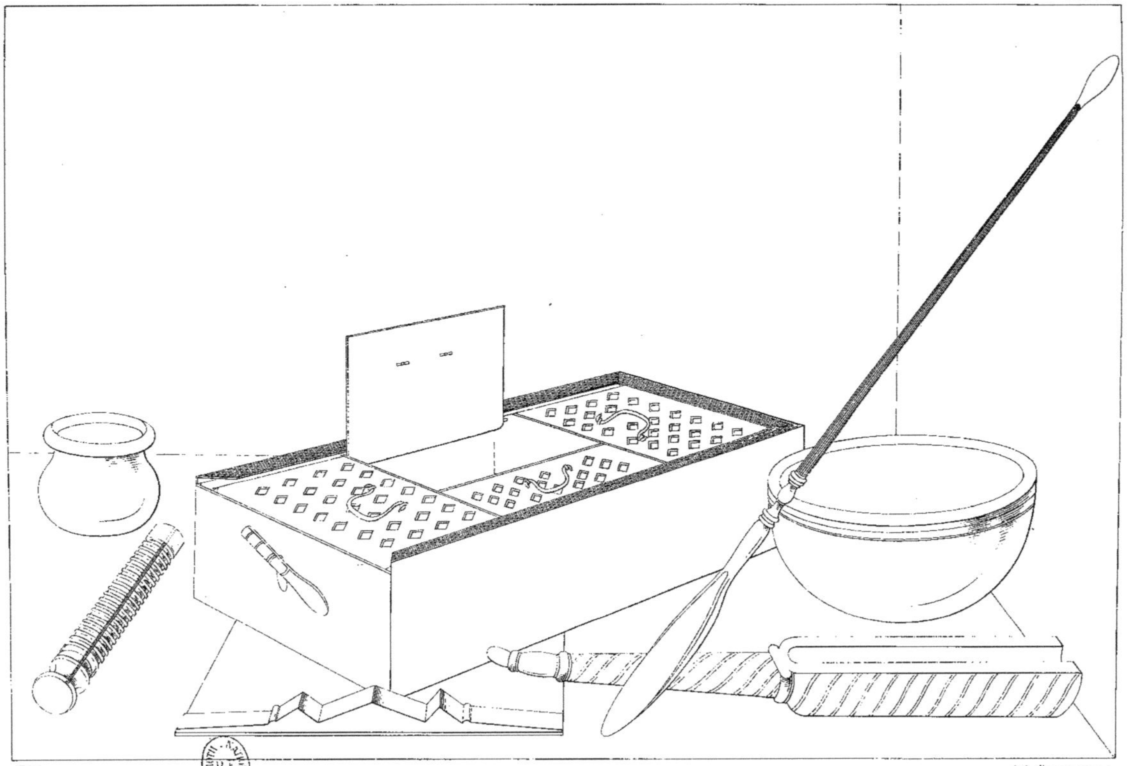

Ritter.

Lith. Charpentier Nantes.

SAN·A·B·C·SAC·HOL·
DIA·IN·TER·DEFAMP·
AREL·CAL·MAR·OLIM·
III

Ritter.

Lith. Charpentier, Nantes.